AF423320

Angelique Trachana

INVARIANTES ARQUITECTÓNICAS
Notas sobre una antropología del hábitat

Angelique Trachana
Es D$^{ra.}$ Arquitecta, Profesora de la
Universidad Politécnica de Madrid.

Trachana, Angelique
    Invariantes arquitectónicas : Notas sobre una antropología del hábitat . - 1a ed.
    - Ciudad Autónoma de Buenos Aires : Nobuko, 2014.
    182 p. : il. ; 21x15 cm. - (Textos de arquitectura y diseño)

    ISBN 978-987-584-530-5

    1. Arquitectura. I. Título
    CDD 720

Textos de Arquitectura y Diseño

Director de la Colección:
Marcelo Camerlo, Arquitecto

Diseño de Tapa:
Liliana Foguelman

Diseño gráfico:
Karina Di Pace

Angelique Trachana

INVARIANTES ARQUITECTÓNICAS
Notas sobre una antropología del hábitat

INVARIANTES ARQUITECTÓNICAS
Notas sobre una antropología del hábitat

ÍNDICE

LA TÉCNICA Y LA MATERIA

El origen textil de la arquitectura

"Del entrelazo de las ramas se pasó rápidamente a entrelazar rafia para esteras y cobertores. A partir de ahí se desarrolló también el tejido con filamentos vegetales, y así sucesivamente. Los ornamentos más antiguos son los ejecutados entrelazando o anudando, o las decoraciones realizadas con el dedo, sobre arcilla blanda apoyada sobre una plataforma giratoria. El uso de entrelazar estacas para delimitar la propiedad, de utilizar esteras y alfombras como cobertores para los pies, para resguardarse del sol y del frío y para separar los espacios interiores a las habitaciones en la mayor parte de los casos y, especialmente, en condiciones climáticas favorables, precedió al uso de las paredes de muro (...) Siendo el entrelazado el elemento originario, más tarde, cuando las ligeras paredes de esteras se transformaron en sólidos muros de tierra, ladrillo o cubos de piedra, conservó real o sólo idealmente, todo el peso de su primitiva importancia, la verdadera esencia de la pared. El tapiz siguió siendo la pared, la delimitación espacial visible. Los muros que se encontraban detrás de él, con frecuencia muy sólidos, eran necesarios para otros fines que no tenían que ver con la espacialidad, sino con la seguridad, la resistencia, la mayor duración y otras similares. Allá donde no eran necesarios estos requisitos colaterales, los tapices seguían siendo las únicas separaciones originarias, e incluso allá donde era necesario erigir muros sólidos, éstos constituían sólo el esqueleto interno, no visible, oculto, detrás de los verdaderos y legítimos representantes de la pared, los tapices variopintos. La pared misma mantuvo este significado incluso cuando, para una mayor duración de los tapices, o para que se conservasen mejor las paredes situadas detrás de ellos, o por ahorro, o por el contario, por ostentación de un mayor lujo, o por cualquier otro motivo, los tejidos originarios eran sustituidos por otros. El espíritu inventivo humano creó muchos de estos sustitutivos, empleando sucesivamente todas las ramas de la técnica. Entre los sustitutos más utilizados y quizá, más antiguos, el arte murario ofrecía un medio, el revoco de estuco, o en otros países el revoco con asfalto. Los artesanos de la madera construían entablados (...) con los que se recubrían las paredes, especialmente en las partes inferiores. Los artesanos del horno proporcionaban terracotas esmaltadas y placas metálicas. Como último sustitutivo podemos citar, quizá, las placas de arenisca, granito, alabastro y mármol, que encontramos muy difundidas en Asiria, Persia, Egipto y también en Grecia. El carácter de la imitación siguió en gran medida el del modelo originario. La pintura y la escultura sobre madera, estuco, terracota, metal, o piedra era y siguió siendo inconscientemente en la tradición una imitación de los bordados variopintos y de los entrelazados de las antiquísimas paredes de tejido".[1]

Así fue formulado por Semper el origen textil de la arquitectura y su perpetuarse en la historia de las soluciones del revestimiento con motivos ornamentales de derivación textil y planteado de nuevo por él mismo de forma más amplia y articulada en sus textos teóricos más importantes; constituye el núcleo fundador de una línea de cultura arquitectónica que a mediados del siglo XIX, se propone como alternativa al clasicismo vitruviano. Al mito de una estructura constructiva estereotómica, ennoblecida con el orden arquitectónico, se contrapone el mito de una envoltura delimitadora del espacio, cuya característica es la ligereza y a la que se subordina la estructura, que es tan sólo soporte. Semper investiga y

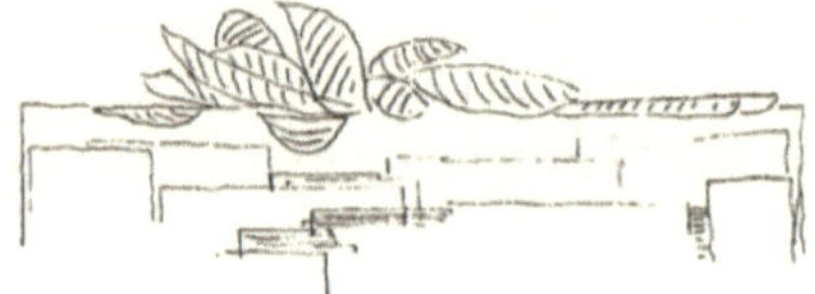

Croquis de J. Utzon de la casa en Bayview, dibujo conceptual: trabajos de tierra y de techumbre (constructivamente estereotómico y constructivamente tectónico).

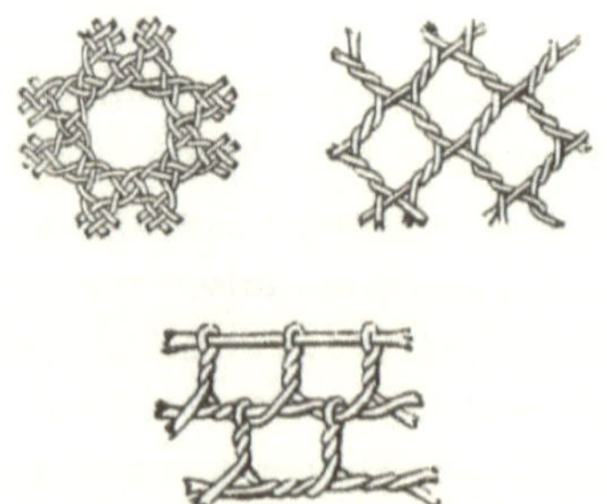

Nudos textiles tradicionales que aparecen en el libro de Semper.

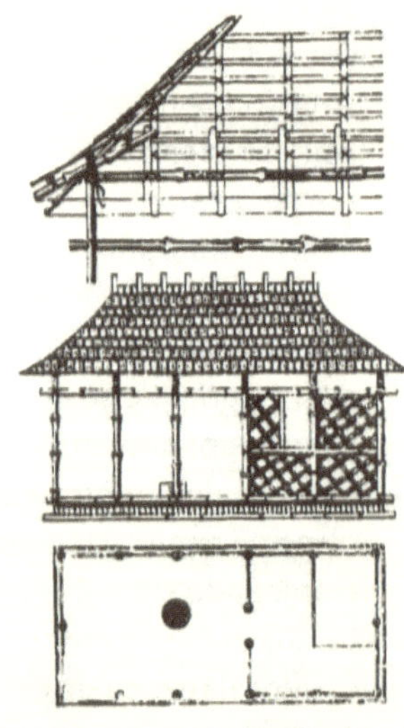

Gottfried Semper, ilustración de *Der Stil in den Technischen und Tektonischen*, «La cabaña del Caribe».

Gottfried Semper, ilustración de *Der in den Technischen und Tektonischen*, "La cabaña del Caribe".

reconoce en la antigüedad del revestimiento y el color los componentes esenciales de la cualificación arquitectónica. En consecuencia, traza una idea de arquitectura que exalta los valores simbólicos y metafóricos, trascendiendo el papel determinista de los materiales constructivos.

Desde el final del siglo XVIII, se había producido en Europa una revolución de ideas que produjo el surgimiento de una racionalidad científica y técnica que, paulatinamente, transformó toda la cultura europea. Hacia mediados del siglo XIX comenzó la gestación de una nueva teoría arquitectónica también afectada como el análisis de todas las actividades humanas por la supremacía de la razón. Tal teoría afectó las explicaciones metafísicas y la mitología inamovible sobre el origen de la arquitectura y los órdenes clásicos que conformó toda la arquitectura occidental, hasta el siglo XIX.

El arquitecto Gottfried Semper[2] (1803-1879) desarrolló un tratado, sobre el origen de la arquitectura que explica su evolución por medio de los elementos, los materiales, las técnicas constructivas, y las características de las sociedades en las que se desarrollaron. Esa teoría afirmaba que la arquitectura es el arte de la construcción, en oposición a la concepción vigente que privilegiaba sus aspectos artísticos-compositivos. La teoría de Semper vislumbra el origen de la estructura independiente, y el revestimiento como sistema constructivo frente a la construcción masiva. Dicha teoría parte de la investigación que le llevó a descubrir los elementos de las construcciones más antiguas. En su escrito *Los cuatro elementos del arte de la construcción*, Semper describió la cabaña primitiva. En ella encontró cuatro elementos, de manera original y sin alteraciones, que la definían: el hogar, el primer y más importante de los elementos de la arquitectura, después la plataforma o terraza de tierra; sobre ésta, el techo sobre columnas y, finalmente, la pared o valla de cortinas textiles. Posteriormente, en su libro *El estilo de las artes técnicas y tectónicas* hizo un análisis sobre la evolución de la mano de obra, desde el uso de los materiales suaves a los dúctiles y los duros, como un proceso en el cual progresa en destreza técnica y relacionó cada uno de los cuatro elementos con las actividades de las artes aplicadas.

La influencia de la teoría de Semper fue muy grande en el surgimiento de la moderna arquitectura en Alemania, Austria, Inglaterra y Estados Unidos desde la segunda mitad del siglo XIX y en las obras de los princi-

pales arquitectos del siglo XX como Wright, Loos, Le Corbusier, van der
Rohe, Utzon, Kahn... Aunque no erradicó el eclecticismo y la poderosa
École des Beaux-Arts de París que dominaba en las escuelas de arquitectura, es el germen de la nueva arquitectura. Las Obras de Otto Wagner, Joseph Maria Olbrich, Joseph Hoffmann, Joseph Plecnik, Adolph
Loos, las de Hendrik P. Berlage, Peter Behrens, Auguste Perret, y Antonio Gaudí... son evidencia de una búsqueda para innovar el concepto
espacial y formal de la arquitectura a través de los nuevos materiales y
sistemas constructivos o con el uso de los antiguos en una manipulación distinta. En los Estados Unidos, en las obras de Louis Sullivan o
Frank Lloyd Wright se les pueden reconocer los principios semperianos.
Son también presentes en la obra de Mies van der Rohe, particularmente en el Pabellón de Barcelona (1929), en el edificio Seagram de Nueva
York o en la Nueva Galería de Arte en Berlín (1968). De la teoría de Semper derivan resultados formales, simbólicos y tecnológicos totalmente
diferentes a la de cuño vitruviano. Y si se analiza la arquitectura contemporánea más avanzada se puede verificar el espectacular avance de
las estructuras ligeras que trabajan a tensión respecto a la arquitectura
producida con sistemas constructivos pesados.

Pero va mucho más lejos el interés que la teoría semperiana puede
suscitar hoy. Es el sugerido por Semper origen técnico y material de
la arquitectura que se opone al concepto abstracto y al idealismo. La
propuesta sugiere un camino para la búsqueda de innovación formal
en arquitectura no como proceso abstracto sino como reivindicación
de la dimensión más humana, sensual y local que incorpora los datos
de la experiencia. Es la sugerencia de un humanismo que asume la
experiencia vital de los sentidos frente a la razón instrumental de la tecnología como vía única. La técnica y la tecnología como demostraba el
positivismo tenía grandes posibilidades socializadoras para mejorar las
condiciones de vida de las personas pero no puede reducirse a medida
exclusiva de todo. No se puede pretender con criterios instrumentales
por encima de los humanos, de las bases antropológicas de la cultura,
una renovación de la misma.

Esta otra vía arrancaba del romanticismo con el artista como individuo
autónomo, creador, no sujeto a normas establecidas que buscaba desvelar aspectos profundos y estructurales de una realidad oculta más allá
de la apariencia e instaura el arte como experimentación en el nivel más

puro del espíritu y el intelecto. Esta vía queda siempre abierta como nueva manera de proyectar y construir que ya no se basa en teorías estables o métodos *a priori* impuestos –idealismo y abstracción– sino que proceda desde abajo, desde la base antropológica de habitar, el individuo, el lugar, el contexto; que responde a la necesidad y la funcionalidad; que integre los datos concretos y materiales con los intangibles y espirituales de cada lugar. Frente a las imposiciones y autoritarismo de la cultura de la imagen derivada del idealismo, se propone el análisis fenomenológico, el existencialismo y la hermenéutica como fundamentos del proyectar arquitectónico; el valor material de la arquitectura y de los procesos artesanales de su proyectación y ejecución. Frente al paradigma racionalista-mecanicista de un urbanismo expansionista del desarrollo sin límites, un cambio de tendencia hacia la recuperación de procesos participativos, los colectivos locales y el individuo; la suspensión del pretendido sujeto universal; una nueva cultura técnica de la conservación y la rehabilitación.

Aldo Rossi, Cementerio
de San Cataldo en
Modena, 1971-84.

La antropología hoy pone el acento importante sobre la referencia individual y plantea la cuestión de saber cómo integrar en su análisis la subjetividad de aquellos que observan, es decir, en vista del nuevo estatuto del
individuo en nuestras sociedades, saber cómo definir las condiciones de
la representatividad. No se puede descartar que el antropólogo, siguiendo el ejemplo de Freud, se considere como un nativo de su propia cultura,
en suma, un informante privilegiado, y se arriesgue a algunos ensayos de
autoanálisis, según la cual, los intérpretes se construyen en sí mismos a
través del estudio que hacen de los otros...", es decir, "están en condiciones de tomarse a sí mismos como objeto de una operación reflexiva".[3]

A lo que habría que prestar atención es la individualización de las referencias, los hechos de singularidad: singularidad de los objetos, singularidad de los grupos o de las pertenencias, a los lugares, singulari-
dades de todos los órdenes que constituyen el contrapunto paradógico
de los procedimientos de puesta en relación, de aceleración y de deslo-
calización rápidamente reducidos y resumidos a veces por expresiones
como 'homogeneización' o 'mundialización' de la cultura. La cuestión
de las condiciones de realización de una antropología de la contemporaneidad se desplaza del método al objeto.

Es necesario prestar atención a los cambios que han afectado a las grandes categorías a través de las cuales los seres piensan su identidad y sus
relaciones recíprocas. Marc Augé alude tres figuras del exceso que carac-
terizan la situación de sobremodernidad. La primera es la superabundancia de acontecimientos con la dificultad que implica pensar el tiempo;
cómo usar el tiempo sobrecargado de acontecimientos; la exigencia de
sentido. La segunda es la ampliación de la memoria colectiva, genealó-
gica e histórica en las que cada individuo tiene la sensación de que su
historia particular concierne la historia y la tercera, la superabundancia
espacial y la individualización de las referencias. "La producción individual de sentido es más necesaria que nunca".[4]

El siglo XXI será antropológico porque los nuevos fenómenos a estudiar, los cambios de escala, los cambios de parámetros, son la materia
misma perenne de la antropología que emprende el estudio de civilizaciones y culturas nuevas. Las antropologías locales, más que las cos-
mologías, es decir, los sistemas de representación permiten dar forma a
las categorías de la identidad y de la alteridad.

Por oposición al concepto sociológico del lugar, asociado por Mauss y toda una tradición etnológica con el de la cultura localizada en el tiempo y en el espacio, la superabundancia espacial del presente se expresa en cambio, en multiplicación de referencias imaginadas e imaginarias y en la espectacular aceleración de los medios de transporte y de comunicación a distancia que conduce concretamente a modificaciones físicas considerables. La etnología se había ocupado durante mucho tiempo en recortar en el mundo espacios significantes, sociedades identificadas con culturas concebidas en sí mismas como totalidades plenas: universos de sentido en cuyo interior los individuos y los grupos que no son más que su expresión, se definen con respecto a los mismos criterios, a los mismos valores y a los mismos procedimientos de interpretación. Ideología de los etnólogos deshecha ya o de muy reducido alcance.

El estudio de los acontecimientos como dinámicas de movilización y de acción sobre las cosas pasa hoy por una sobrecarga de sentidos desde un punto de vista antropológico. La superabundancia de acontecimientos imprevisibles, inéditos por su amplitud, posibilitados por la tecnología, la superabundancia de la información que disponemos son precisamente problemas de naturaleza antropológica. Mejor que nadie Pierre Nora expresa el tema antropológico por excelencia (en el prefacio al primer volumen de los *Lieux de mémoire*): lo que buscamos (en la acumulación de los testimonios, los documentos, las imágenes, de todos "los signos visibles de lo que fue" es nuestra diferencia, y "en el espectáculo de esta diferencia, el destello súbito de una inhallable identidad. Ya no una génesis sino el desciframiento de lo que somos a la luz de lo que ya no somos".[5] Marc Augé estudia la esencia del lugar a través de un estudio que busca identificar los "no lugares".

El mundo contemporáneo por sus transformaciones aceleradas y su ininteligibilidad pues atrae la mirada antropológica, es decir una reflexión renovada y metódica sobre el individuo, como alteridad y sus representaciones que necesariamente son consustanciales del vínculo social. La antropología se vuelve a horizontes más familiares. Lo concreto de la antropología está en los antípodas de lo concreto definido por ciertas escuelas sociológicas como aprehensible en los órdenes de la magnitud, en los que se han eliminado las variables individuales. La individualidad a que piensa Marcel Mauss,[6] es una individualidad representativa de la cultura, una individualidad tipo. Así que la investigación antropológica hoy y lo que la distingue de las otras ciencias sociales se establece a partir de la cuestión del otro y la cuestión del presente que trata simultáneamente en varios sentidos.

Pues el objeto de la antropología nunca ha sido la descripción exhaustiva, sino contribuciones a un inventario incompleto, hablando siempre del plano empírico. La pregunta que se plantea a propósito de la contemporaneidad cercana del objeto del estudio antropológico hoy se desplaza directamente al campo de la necesidad en cuando que hay aspectos de la vida social contemporánea que pueden depender de ella. En este sentido, aquí nos preocupan los aspectos de representación del individuo que tienen que ver con su formación y muy en particular la de los individuos que provocan transformaciones, que son identidades muy activas en la reconfiguración de lo actual. Los aspectos más relevantes del método antropológico son la necesidad de un contacto efectivo con los interlocutores y con las cosas mismas, la calidad de su observación respecto a las intenciones, los prejuicios u otros factores que la condicionan pero sobre todo es el hecho que supone ser un testigo directo de una actualidad presente.

Formas de dibujar de Aldo Rossi
a base de gesto y textura.

La diferencia fundamental entre los dos modos de hacer empieza manifestándose en la forma del dibujar para proyectar arquitectura. El dibujo conceptivo gestual y contextual frente a la geometría abstracta aparecía en el cambio de tendencia que se producía a partir de los '60 y '70 en Italia con Aldo Rossi, con lo hermanos Krier, entre otros, que practicaron el dibujo generativo igual que el interpretativo de la arquitectura construida como una auténtica segunda naturaleza. El dibujo no es un fin a sí mismo sino un instrumento de análisis, un momento de su propia vida, expresión de una realidad interior. Rossi rediseña continuamente los elementos fijos de la arquitectura con texturas y color, con trazos evocativos de un sentimiento vital. Es la arquitectura que se manifiesta a sí misma.

Hay en los proyectos rossianos una auténtica obsesión por el análisis y lo objetivo que se traduce en la búsqueda de formas primarias, simples y elementales, formas que hagan aparecer los rasgos característicos de un tipo. Para Rossi la noción del tipo se convierte en la imagen profunda de la arquitectura: de lo que es la casa, de lo que es la escuela, de lo que es el hospital, etc. El tipo es la idea misma de la arquitectura. Es aquello que es más próximo a su esencia. Con el tipo se trama y se teje la ciudad. A través de los tipos la forma arquitectónica adquiere una condición *objetiva*. El tipo garantiza la continuidad. Pero ha de dejar lugar también a *lo singular*, a lo único y a lo exclusivo que cataliza y da sentido propio y diverso a un determinado lugar: el monumento, "signo concreto del espacio" en el que reposan los contenidos que la sociedad les ha dado.

A pesar de ser el tipo un concepto difuso en él aparece una solución constructiva que da pie a un espacio y una determinada imagen; encierra la capacidad de recoger, proteger y dar sentido a aquellos contenidos Implícitos en el uso. Las imágenes que en última instancia se manifiestan los tipos están impregnadas de sentimiento. En la obra de Rossi nos encontramos ante el desplazamiento del conocimiento al sentimiento.

Sin embargo, la ejecución de las obras de Rossi, no es casual, que muestren una tosquedad y una incapacidad de reproducir las sensaciones implícitas en el dibujo. No hay más que ver el Cementerio de San Cataldo de Modena (1971-84). Un cubo sin techo, desolado nos hace pensar en una experiencia primaria. Pero la casa no oculta el camino. El camino avanza entre espacios que nos hablan de la infinitud de la eternidad, de la pérdida del valor del tiempo que implica la muerte. La presencia de la muerte nos lleva al punto donde culmina el drama, el cono descabezado que nos persigue como un fantasma en toda la obra de Rossi. ¿La chimenea enigmática nos habla de la muerte como un fenómeno ligado indefectiblemente a la cremación?

El edificio tiene una dureza espeluznante y sus mecanismos constructivos son de una vulgaridad provocativa. La casa de los muertos no es más que un almacén de vidas. Se almacenan vidas olvidadas y gastadas como si fuera completamente inviable la expresión poética, la comunicación de algo sublime o espiritual a través de los procesos constructivos de hoy. Rossi muestra provocativamente una gran decepción y una claudicación frente a la construcción y la materia como punto débil de la civilización contemporánea. Es el mismo lamento que el de la melancólica historia de la arquitectura contemporánea de Tafuri y Dalco donde sin embargo se alega la ausencia de representaciones ideales y se descubre la vanguardia como nostalgia. Esta visión de un pasado muy reciente no fue sin embargo infructífera y abrió una nueva vía de comprender lo arquitectónico. Ni representaciones ideales ni nihilismo técnico sino la experiencia vital de la arquitectura como proceso conceptivo y ejecutivo que se vincula a las raíces antropológicas de la cultura y el habitar. Por eso, también la recuperación de Semper.

La arquitectura nace en las manos

Las reflexiones de Sember nos inducen hoy en una reflexión sobre la experiencia formalizadora de la arquitectura como un hacer simbólico de una experiencia vital y corporal; un hacer autoreflexivo y comunicativo. Los humanos se ubican en el medio a través de la acción, con y entre otros; se desarrollan y evolucionan a partir de lo que hacen haciéndose reflexivos en la medida que el lenguaje les permite acotar la experiencia de sus actos. Dice Foucault: son las cosas que uno hace, las que le enseñan, le fabrican a uno y no al revés. La cuestión importante es ¿qué hace el hombre en el hacer arquitectónico y lo qué hace del hombre la arquitectura? La implicación del cuerpo, el cuerpo como soporte y como modelo es esencial en la configuración arquitectónica como espacio vivencial. Trazar y construir la arquitectura es gesto, moverse, desplazar, desplazarse. Las manos son ejecutoras (con el cuerpo) de gestos comunicativos, expresan lo interior y la reacción ante el afuera; las manos manejan herramientas, hacen emerger la subjetividad y el pensamiento propositivo; sienten el gozo de la creación. Las manos liberadas, sabemos, movilizan la imaginación y la dimensión lúdica que el ser humano alcanza a través del trabajo manual está muy reconocida. Por eso las manualidades se utilizan como procesos terapéuticos y en situaciones diferentes que se requiere propiciar bienestar humano. Focillon[7] (1983) elogia la mano como un órgano privilegiado de relación con el exterior, el 'estar en el mundo', que procura desde la alteración adaptada del entorno –manipulación nueva– hasta la expresión gestual de los estados anímicos y de relación con los otros, jugando un destacado papel en la formación del lenguaje permanente y en la producción de cultura. Es, por eso, primordial la necesidad de afrontar la profunda implicación de las manos y del sentido háptico en general en la percepción y concepción del espacio existencial y muy en particular en la educación arquitectónica.

Anaxágoras aseguraba que los humanos son inteligentes porque tienen manos y Aristóteles admitía la existencia de los sentidos fundamentales como sistemas perceptivos capaces de obtener información de los objetos exteriores sin la intervención del proceso intelectual. Según Kant, la mano es la ventana de la mente. Para Heidegger, las manos piensan. Cada movimiento de la mano en cada uno de los trabajos fabrica pensamiento. Bachelard decía que la mano tiene sus

sueños. Nos ayuda sentir la interna esencia de la materia. La mano
nos ayuda a imaginar la materia. Nuestro cuerpo "sintiente" estructura
nuestras relaciones con el mundo. "El aprendizaje es corporal, síntesis
y percepción sensorial. El cuerpo del diseñador llega a ser el lugar del
diseñar y la tarea de hacerlo es antes vivida que entendida. "La arquitectura es un producto de la mano".[8]

Existen estudios que relacionan las actividades de las manos con los
usos del lenguaje. Las actividades manuales –el dibujar es acción,
moverse, estar vivo, sentir el cuerpo– ayudan a razonar, a comprender y
expresar problemas propiamente arquitectónicos.

J. J. Gibson,[9] en el ámbito de la psicología ambiental contribuye deci-
sivamente a clarificar la naturaleza del tacto al considerar los sentidos
como mecanismos agresivos inductores, y no simplemente receptores
pasivos de sensaciones; como sistemas activos solicitando incesantemente información del exterior. El sistema háptico –incluye el cuerpo
entero, la experiencia de tocar realmente los objetos, las sensaciones
de presión, calor, frío, dolor, cinestesia– como ningún otro sentido está
relacionado tan directamente con el universo tridimensional, el espacio
y la arquitectura, y conlleva una capacidad de alterar el ambiente.

Cada arte (actividad) conforma una modalidad de pensamiento (de
imaginario) constituido por imágenes (esquemáticas/dinámicas) de
las manos y del cuerpo. Así que estar vivo es habitar un cuerpo con
sensibilidad que hace de sus acciones resistidas o facilitadas, la fuente
reverberante de ecos, reacciones y estados definidores de una interioridad que se diferencia de lo que la rodea. Las manos no son meras ser-
vidoras de la mente. La mente muchas veces dificulta entender el cuerpo. Las manos demandan independencia y libertad. El hacer manual
enriquece la experiencia perceptiva, estética e intelectual; estimula la
habilidad humana de imaginar y empatizar. Al adquirir además el conocimiento de técnicas, medios y procedimientos que favorezcan la expresión y la comunicación, se favorece en las personas implicadas tanto en
el diseño gráfico como en la ejecución arquitectónica la comunicación
emocional, la comunicación del afecto, la voluntad relacional que tanto
contribuyen en el bienestar físico, psíquico y social.

El perfeccionamiento técnico basado en patrones de corrección apli-
cados tanto al dibujo como en los diferentes oficios crea la expresión

mientras se produce una intensa concentración en la materia siendo manipulada por la mano. En el resultado-productos de las manos se refleja el placer que se siente haciendo, logrando el perfeccionamiento. Cuando Adolf Loos que arremetía contra el ornamento, entre otras cosas porque el trabajo esclavizaba y degradaba el ser humano, no tenía la menor sospecha de las consecuencias de esta aseveración dentro de la cultura técnica. Hoy sin embargo, vemos con claridad el resultado de anular el uso de las manos y el cuerpo en las diferentes actividades productivas y cotidianas. La deshumanización de los productos, la pérdida del gusto por los materiales y el predominio del entendimiento y de la sensibilidad a través de lo virtual. Esa observación es generalizable en la arquitectura y en todos los productos pero también en todas las relaciones interpersonales, en el tocarse, en la proximidad que se relega a un plano secundario a favor de la comunicación a distancia –telecomunicación–, en relacionarse con las cosas. Así a medio y largo plazo se ve mermada la cultura material y como consecuencia se amenaza la calidad ambiental y social. Por eso, el recuperar a gran escala una educción basada en las manos y los materiales –como consecuencia– puede propiciar una cultura del afecto y del cuidado de las cosas, del estar en comunidad, del habitar definitivamente en un sentido profundo de adhesión e identificación con un lugar.[10]

La mano como agente conformador, heurístico y comunicador, un medio de 'estar en el mundo' es la cuestión básica a centrar los aprendizajes en el oficio del arquitecto. Es más, las manos han de educarse desprendidas de la mente como agentes autónomos de arrastre, como miembros de un cuerpo *autopoiético* que autónomamente reacciona frente a circunstancias externas en función de la actividad sostenida del organismo. La mano como agente con-movedor haciendo cosas espontáneas requiere, sin embargo, aprendizaje y disciplina, que es asequible con la repetición de tareas convencionales (miméticas, rituales).

Experimentar con las propias manos como protagonistas de una actividad emanada de un fondo dinámico impersonal que bulle en el interior de la vitalidad (genio de Agamben) requiere liberar el imaginario de entre tareas útiles, argumentos y justificaciones dejándolo fluir. El registro de lo que las manos son capaces de hacer, la auto-recepción nos pone frente el asombro y el extrañamiento y nos predispone al cambio, con el descubrimiento de cosas nuevas. La desvinculación de la mente de los procesos expresivos tentativos manuales, las manos contempladas como elementos movilizantes-extrañantes, generadores de experiencias al margen de la mente consciente, la mano que deja de ser un apéndice subordinado de la mente sin posibilidad de sorpresa, un elemento pasivo de la actividad corporal-vital, las manos como seres animados (autónomos), que hacen, ven y hablan, constituyen la faceta más desconocida de las manos. Es esta faceta susceptible de generar un cambio, una nueva génesis de la forma arquitectónica basada en el dibujo, los materiales y la construcción.

En el escenario internacional de la arquitectura dominado por la imagen, la buena arquitectura sigue siendo reconocible como experiencia vital y principalmente por su ejecución artesanal. Peter Zumthor como ejemplo, se formó desde muy joven en el oficio de carpintero-ebanista en el taller de su padre y creció construyendo cosas, incluso sus propios juguetes. Según el propio Zumthor ha comentado en diversas ocasiones, en cada una de sus obras el material establece las directrices. Los proyectos surgen de una idea que siempre viene acompañada de un material. Su manera de diseñar, dice, es escuchar al material y atender sus peticiones.

El cuerpo y la materia

Muchos aspectos de la patología de la arquitectura corriente actual pueden entenderse mediante un análisis de la epistemología de los sentidos y una crítica a la tendencia de nuestra sociedad contemporánea que se centraliza en la visión. De hecho, a partir de los años 60 hubo nuevos enfoques a partir de cómo tiene lugar la experiencia de la arquitectura y de qué manera los individuos y las comunidades se afectan por ella. Ha recobrado importancia en el entendimiento de la arquitectura, la teoría de la imagen corporal, así como las experiencias del cuerpo y la memoria que ha de considerarse como una extensión de la experiencia. Ha proliferado la idea de arquitectura como espacial sentido de lugar donde el cuerpo humano dotado de memoria puede habitar con satisfacción.

Según Juhani Pallasmaa,[11] la inhumanidad de la arquitectura y de la ciudad contemporáneas puede entenderse como consecuencia de una negligencia del cuerpo y de la mente en el mundo tecnológico actual. El dominio del ojo eliminó del resto de los sentidos y ese desequilibrio de nuestro sistema sensorial nos empuja hacia el distanciamiento y la exterioridad. Es de señalar que las crecientes experiencias de alienación, indiferencia y soledad se acentúan en los entornos más avanzados tecnológicamente, como son los hospitales y los aeropuertos. Además, las formas arquitectónicas, desde la Ilustración, han aparecido ligadas a una serie de funciones u objetivos específicos sin tener en cuenta la memoria y la condición humana. La arquitectura ignora y excluye de sus objetivos la función general de prolongar el ser y el orden humano. La presencia del cuerpo humano como principio organizador de la arquitectura dio paso a otro tipo de organización más mecánica.

Mircea Eliade[12] en *El eterno retorno* aludía la memoria como elemento fundamental ya que cada construcción evoca un acto originario y fundacional. El universo construido adquiría significado gracias a los elementos de la arquitectura (columnas, muros, cubiertas...) a los que la humanidad había otorgado unas cualidades mágicas. Pero a partir de Galileo, aparece como criterio básico de la arquitectura, su realidad física basada a las mediciones y leyes mecánicas. Si antes lo natural era considerar la arquitectura como reflejo de las cualidades del cuerpo humano y se creía en una supuesta autoridad sagrada del cuerpo, ahora se reconoce que las leyes que rigen el universo entero, y de la arquitectura naturalmente, son de naturaleza mecánica. Las nuevas leyes determinantes se institucionalizaron por las academias científicas y pedagógicas de nueva fundación.

Como consecuencia de esa consideración, la arquitectura que ancestralmente estuvo comprometida con cuestiones profundas y metafísicas del yo y del mundo, de la interioridad y la exterioridad, del tiempo y de la duración, de la vida y de la muerte, que se enfrentaba fundamentalmente a cuestiones de la existencia humana en el espacio y el tiempo, se enfrenta ahora a "las prácticas estéticas y culturales que son particularmente susceptibles a la experiencia cambiante del espacio y del tiempo, justamente porque implican la construcción de representaciones y artefactos espaciales fuera del flujo de la experiencia humana".[13] La naturaleza de las artes y de la arquitectura se somete a una mutación radical en el proyecto de la modernidad basada fundamentalmente en la interdependencia del espacio y el tiempo, la falta de dialéctica entre el espacio exterior e interior, entre lo físico y lo espiritual, entre las priori- dades inconscientes y conscientes que incumben los sentidos, entre lo material y lo mental.

Materiales y texturas encontrados en las instalaciones de la Expo de Zaragoza (2008). Todos denotan singularidad y responden a la solicitación más importante a resolver que es cómo intensificar la percepción sensorial y la seducción, asociando siempre tecnología y comunicación.

El significado de los materiales

La arquitectura de las culturas tradicionales estaba fundamentalmente conectada con el saber tácito del cuerpo en lugar de estar dominada visual y conceptualmente. La construcción estaba guiada por el cuerpo a la manera que el pájaro conforma el nido mediante sus propios movimientos. Este tipo de construcción se identifica con el mundo háptico y su transición al mundo controlado por la visión se identifica como una pérdida de la plasticidad que confiere un sentido de la fusión total del hombre con su medio, característica de los asentamientos de las culturas más primitivas.[14]

Sin embargo, el privilegio de la vista no siempre implica el rechazo del resto de los sentidos. El sentido de la vista puede reforzarse por otras modalidades sensoriales como ocurre en la arquitectura histórica donde la componente táctil está fuertemente presente en el trabajo de los materiales. Pero la arquitectura del pensamiento abstracto dominado por la visión y originado en la concepción del espacio albertiano de la perspectiva, gradualmente se ha conducido hacia la idea de un observador que se desprende de su relación corpórea con el entorno mediante las extensiones tecnológicas del ojo. En los últimos 30 años la arquitectura se ha convertido en un arte de la imagen impresa fijada por el apresurado ojo de la cámara fotográfica, adoptando las estrategias psicológicas de la publicidad, de la percepción instantánea, en lugar de ser un encuentro situacional y corporal. Ha predominado más que nunca un tipo de arquitectura visual, de una imagen llamativa y memorable frente a una arquitectura espacial con una base existencial basada en la experiencia plástica de los materiales.

Para Susan Sontag,[15] 'la realidad ha llegado a parecer cada vez más a lo que muestra la cámara', una escenografía vaciada de la autenticidad de la materia y de la construcción. Se ha perdido el sentido de 'aura', la autoridad de la presencia, lo que Walter Benjamin[16] considera una cualidad necesaria para una auténtica obra de arte. "De las construcciones de alta tecnología instrumental desconocemos sus procesos formativos, ocultan sus procesos de producción, por eso se muestran como apariciones fantasmagóricas. El creciente uso del vidrio reflectante refuerza esa sensación de ensueño, de irrealidad y de alienación. La transparencia, paradójicamente opaca, de estos edificios hace que la mirada rebote sin conmoverse, sin quedar afectada ya que no somos capaces de ver o de imaginar la vida que hay detrás. El espejo arquitectónico, que hace rebotar la mirada y duplica el mundo resulta un dispositivo enigmático y aterrador".[17]

Otra consecuencia del reduccionismo sensorial a la pura visibilidad es una reducción de la exigencia en calidad de la ejecución material y el detalle constructivo. Estas cualidades estaban vigorosamente presentes en los dibujos de Wright y desde los primeros bocetos en las obras de Le Corbusier y en la arquitectura de Mies van der Rohe donde el paradigma visual expresado en su sentido único del orden y de la estructura, se enriquecía contundentemente por el dominio del oficio y la ejecución del detalle. Esa era una fuerza vital de la arquitectura, según Alvar Aalto,[18] no sólo racionalización consciente sino participación emocional, fusión de intenciones conscientes e inconscientes.

El debilitado sentido de la materialidad de la arquitectura de hoy se debe en gran medida en la falta de veracidad que caracteriza los materiales tecnológicamente avanzados. Pueden adquirir cualquier aspecto. Pueden fabricarse exclusivamente para una obra. Pueden ser materiales utilizados en otros campos de la construcción y nunca antes utilizados en arquitectura. Pueden ser absolutamente insólitos y asombrosos como el titanio que utilizó Frank Gehry en el Museo Guggenheim de Bilbao o aleaciones utilizadas en aeronáutica que Renzo Piano, Ove Arup y Peter Rice utilizaron en el aeropuerto de Kansai (1994).

Los materiales naturales tienen connotaciones culturales y simbólicas. Expresan su edad y su historia, sus orígenes y las connotaciones adquiridas por el uso humano. El *continuum* del tiempo, la pátina, el desgaste añade a los materiales tradicionales de la construcción la enriquecedora experiencia del tiempo. Pero los materiales actuales producidos mecánicamente, –paños de vidrio sin escala, metales esmaltados y plásticos sintéticos– ofrecen al ojo sus superficies impecables sin expresar su esencia material y su edad. Apenas tienen proceso de envejecimiento y pasan directamente a la obsolescencia.

En este sentido, mientras unos materiales contribuyen en concluir el cometido principal de la arquitectura que consiste en satisfacer nuestra necesidad mental de estar enraizados y proporcionarnos la experiencia de la continuidad del tiempo, los otros, por el contrario ponen el énfasis sobre su concepto abstracto, contribuyen a la desaparición de su esencia física, sensual y corpórea. Ese aspecto se acentúa por una preocupación excesiva de las vanguardias actuales por los territorios artísticos marginales y un discurso interiorizado y autónomo que no se basa en nuestra realidad existencial compartida. "Las obras de arte y de arquitectura hablan al intelecto y a las capacidades cognitivas en vez de dirigirse a los sentidos y a las respuestas corporales".[19]

Sugería Rasmussen,[20] un modo de enfrentarse al proyecto siguiendo nuestros instintos humanos, procedimientos basados en descubrimientos y experiencias comunes, que todos hemos tenido desde la infancia cuando de una manera bastante inconsciente experimentamos con los elementos básicos y aprendemos a juzgar los objetos según su peso, su solidez, su textura y su capacidad de transmitir calor. La experiencia de lo duro y lo blando que asociamos a formas afiladas y puntiagudas o formas redondeadas respectivamente y que, la vez, asociamos a ciertos materiales. La apreciación de las formas duras y blandas se debe a experiencias que tenemos en muy temprana edad cuando aprendemos cómo responden los materiales a su manipulación. Las formas igual pueden dar sensación de pesadez o ligereza y esas impresiones están ligadas al carácter superficial de los materiales. Distinguimos las superficies lisas y ásperas, superficies frías y cálidas sin siquiera tocarlas porque su reconocimiento forma parte de nuestro inconsciente. Esas sensaciones primarias se reproducen en la intención puesta en el boceto de una obra arquitectónica incipiente. La aparición de las primeras formas encierra lo más primario del autor. La manera natural de comportarse es modelar formas en torno al cuerpo para vivir en ellas y no para mirarlas. Al contrario de lo que se piensa, es decir, que los dibujos del arquitecto son un simple conjunto de instrucciones que han de tener la claridad suficiente para que los operarios construyan el edificio –ya que el propio artista no puede realizar materialmente la obra como ocurre en la pintura y la escultura–, en los planos y los modelos están los primeros trazos, en parte conscientes y en parte inconscientes que expresan la experimentación del lugar y ciertos elementos básicos por parte del autor, como si de un niño se tratase cuando construye un juguete elemental porque le ayuda a experimentar lo que le rodea.

Si queremos un cambio sustancial en nuestra experiencia sensitiva y perceptiva del mundo, si queremos que la arquitectura tenga un papel emancipador y sanador en lugar de prolongar su cuadro patológico, debemos reforzar su erosionado significado existencial basado en la materia y el lugar.

Pabellón de España en la Expo de Shanghai de EMBT: Miralles-Tagliabue, 2010. Su singular diseño está basado en una estructura metálica cubierta por paneles de mimbre, de diferentes tonalidades. Este insólito material para este tipo de estructuras, recuerda construcciones primitivas y se ha elegido para simbolizar el nexo de unión entre labores artesanales chinas y españolas; tal vez también para simbolizar la sostenibilidad con el uso de materiales naturales; pero tan sólo simbolizar porque ejecutar tan singulares piezas de mimbre no debe resultar nada económico; sin embargo sí garantiza una imagen toralmente singular.

Crítica al racionalismo visual y el código digital

En líneas generales, la arquitectura ha albergado el intelecto y el ojo, dejando sin hogar el cuerpo y al resto de los sentidos, así como los recuerdos, los sueños y la imaginación del ser humano. "El hecho de que, generalmente, el lenguaje del movimiento moderno no haya sido capaz de penetrar la superficie del gusto y de los valores populares se debe a su énfasis intelectual y visual unilateral".[21] El establecimiento de una metafísica del ojo y de la presencia, con el tiempo ha asumido una hegemonía indiscutible sobre nuestra cultura y su discurso filosófico, basada en la voluntad de mantener la racionalidad instrumental de nuestra cultura y el carácter tecnológico de nuestra sociedad. "La voluntad de poder en la visión es muy fuerte. Existe una tendencia sólida de la vista a captar y a fijar, a cosificar y a totalizar; una tendencia a dominar, asegurar y controlar".[22]

A Sartre[23] le preocupaba la mirada objetivadora del otro, como la "mirada de la medusa" que petrifica. Maurice Merleau-Ponty[24] criticó incesantemente el "régimen cartesiano perspectivo escópico" que privilegia "un sujeto ahistórico, imparcial, acorporalizado, totalmente ajeno al mundo. Nuestro cuerpo es tanto un objeto entre objetos como aquel que los ve y los toca". Para Merleau-Ponty[25] "hay una relación osmótica entre el yo y el mundo, ambos se interpenetran y definen uno al otro. La percepción no es una suma de datos conocidos, visuales, táctiles y auditivos. Hay una simultaneidad e interacción de los sentidos. Percibo de una forma total con todo mi ser; capto una estructura única de la cosa, una única manera de ser que habla a todos los sentidos y a la vez".

El pensamiento y la cultura de la modernidad lo que hizo fue continuar con ol privilegio histórico de la vista y potenciar aún más sus tendencias negativas. Además, la hegemonía de la vista ha sido reforzada en nuestro tiempo por innumerables invenciones tecnológicas y una infinita multiplicación de la producción de imágenes. "El acontecimiento fundamental de la edad moderna es la conquista del mundo como una imagen",[26] lo que se materializa plenamente en nuestra era de la imagen fabricada, manipulada y producida en serie. Esa "vuelta a las dos dimensiones", es consecuencia, según David Harvey,[27] de que "las experiencias del espacio y del tiempo se han fundido en una mediante el incremento de la velocidad en el mundo tecnológico. La imagen de lugares y espacios está ahora dispuesta para la producción y el uso efímero como cualquier otra mercancía".

La arquitectura como un medio de autoexpresión y como un juego intelectual y artístico anula la experiencia del cuerpo mientras que el mundo se convierte en un viaje visual e hedonista carente de significación. "De la televisión a la prensa y de la publicidad a todo tipo de epifanías mercantiles, el crecimiento patológico de la vista, que mide todo por su capacidad de mostrar o ser mostrado",[28] se propaga en una superficial imaginería arquitectónica actual, que devalúa el sentido háptico experimentado en la superficie y la materialidad de los objetos, la lógica tectónica y la fuerte empatía con objetos anudada en la materia.

La percepción y concepción del espacio regido por un pensamiento abstracto dominado por la visión vino a suplantar de manera irreversible el pensamiento situacional primario de la visión háptica. Este comportamiento antropológico ofrece datos esclarecedores de la importancia de los aspectos intuitivos e inconscientes de nuestra relación con el mundo; con el material que ha de servir como base proyectual de espacios íntimos y bio-culturalmente funcionales. Pero como la poesía, decía Bachelard[29] "habla en el umbral del ser pero tiene que situarse en el umbral del lenguaje", la arquitectura tiene la tarea de reconstruir la experiencia de un mundo interior indiferenciado del exterior del que no somos simples espectadores, sino al que pertenecemos inseparablemente. La arquitectura ha de transformar, organizar, configurar y hacer inteligibles –comunicables– esas experiencias y esas intuiciones.

La imagen constituye sin embargo, el eje de la investigación arquitectónica, superando con creces los esfuerzos destinados a otras dimensiones de la arquitectura relegadas habitualmente a las diferentes ingenierías. Eso tiene como consecuencia la sectorialización de su proceso productivo y su separación de otras problemáticas urbanas y sociales. La ciudad, las nuevas estructuras sociales y familiares, el hábitat, de hecho, no constituyen hoy los temas centrales de la investigación en arquitectura. Eso queda demostrado en el material gráfico que nutre las publicaciones específicas: la imagen digital de un alto grado de abstracción, indeterminación y descontextualización. La imagen digital tiene un enorme atractivo *per se* y como tal se articula difícilmente con el realismo de un lugar concreto, y con los materiales concretos de construcción. El medio digital es donde más cómoda se encuentra la arquitectura hoy. El medio infográfico es un medio abstracto, geométrico, mejor dicho, numérico, un medio sin conflictos sociales y ambientales, sin valores históricos, culturales y geográficos. Es, sin duda, el medio donde la arquitectura tiene más éxito, en las pantallas aún mayor que en las revistas. No es casual que los certámenes más importantes, Bienales y otras exposiciones de arquitectura, se realicen últimamente con proyecciones y los planos son cada vez menos específicos, se parecen más a imágenes tridimensionales.

Las imágenes no siempre sirven de patrón para llevarse a cabo la construcción, no siempre el objetivo del proyecto es su construcción. Muchas veces, el cometido principal de la arquitectura –si es "el arte de construir"– no se implementa racionalmente sino muy costosamente con la construcción, lo que hace el "diseño" innovador incompatible con la sostenibilidad, con criterios ambientales y las condiciones culturales del lugar. La traducción de una imagen digital, que puede ser todo lo singular que se quiera, en estructura y elementos constructivos, se convierte así, tantas veces, en un juego audaz, alarde de ciencia y opulencia.

El código digital es un lenguaje abstracto, originado en la matemática y cuyos signos y operaciones no describen cualidades del sujeto. Por eso, su carácter indirecto y abstracto favorece una actitud de distanciamiento reflexivo.[30] "La utilización del software para proyectar implica que el arquitecto depende de un suministrador que le proporciona un medio de cuya estructura es ajeno. El medio para proyectar es un metalenguaje a cuya estructura no tiene acceso. La computación basada en el propio proceso neuronal, aplicada a un proceso arquitectónico creativo alude a un proceso completamente articulado mediante la tecnología. Pero el conflicto se produce en el momento que el dibujo arquitectónico es proyecto de algo que no existe y no representa ningún objeto preexistente. Las representaciones del ordenador sólo operan con modelos y ofrecen la posibilidad de trabajar directamente en modelos tridimensionales; generan, además, infinitas representaciones del modelo en sí; transforman totalmente la actitud proyectual en relación con modelos preestablecidos".[31] Es evidente, como decía Mc Luchan[32] que los medios nunca son neutros y configuran de modo eminente nuestra relación con el mundo. Si el arte abstracto –pintura, escultura, arquitectura– fue la invención de un código óptico, el código digital, es un código completamente articulado que coincide con la definición de un espacio óptico puro codificado. "El espacio digital sería la máxima subordinación de la mano al ojo, la mano que se ha fundido. Sólo subsiste un dedo para operar la elección binaria visual. La mano es reducida al dedo que apoya sobre el teclado. Es decir, es la mano informática. Es el dedo sin mano".[33] "El lenguaje analógico, sin embargo, es casi lo inverso; expresa directamente relaciones analógicas de dependencia. Si el lenguaje digital y convencional está totalmente articulado, el lenguaje analógico es no-articulado. Está hecho de cosas no lingüísticas. Está hecho de movimiento, de expresión de las emociones. Está hecho de datos muy heterogéneos. Se trata de un lenguaje que establece relaciones entre el emisor y el receptor. La estructura de ese lenguaje expresa directamente funciones de dependencia y su diferencia de un lenguaje codificado, como es el lenguaje digital, consiste en que éste es un lenguaje esencialmente hecho para designar estados de cosas".[34]

La inmaterialidad de los procesos digitales, su falta de tactilidad, la ausencia de escala y la manipulación sin fin de los modelos distan mucho de los procesos analógicos tradicionales del proyecto arquitectónico. En los dibujos y las maquetas las huellas de las manos son presentes. A falta de involucrarse la mano y la pérdida de la apasionada aportación del gesto, de los trazos de la mano en el papel y en los volúmenes plasmados, el ojo sigue adquiriendo una soberanía total. Dada la frialdad del código, que reserva para la mano la condición mediadora del interface, la arquitectura destinada al tacto y a la percepción cinestésica tiene serias dificultades en plasmarse. La mano reemplazada sobre el papel es el principio de un cambio aún más trascedental que es el cuerpo reemplazado sobre la tierra. Los *interfaces* y reducciones arquitectónicas hacen que se pierda la relación corpórea entre el autor y el modelo. La mano y los modelos analógicos son suplantados por los modelos digitales. Pero ni la mano, ni el ojo, ni el celebro hablan el lenguaje del código digital sino que funcionan gracias a los traductores tecnológicos. Así el acceso al lenguaje arquitectónico queda irreversiblemente perdido y suplantado por la inmaterialidad y la universalidad del código digital.

Una de las características del código digital es el hecho de ser totalmente manipulable, flexible y maleable; permite modificaciones infinitas, ofrece una libertad absoluta y una tremenda dificultad de delimitar los procesos. Frente al dibujo tradicional que registra de un modo fijado el grafito sobre el papel, el boceto digital y tridimensional se manipula de múltiples maneras, ofrece la posibilidad de manipular cada punto por separado aniquilando así los conceptos de orden, composición y jerarquía de las formas arquitectónicas. Frente a la lógica geométrica que trabaja con figuras, es decir líneas, planos volúmenes organizados en el espacio, se trata de una lógica algebraica. En las combinaciones algebraicas los elementos independientes se combinan de forma aditiva formando totalidades indeterminadas, abiertas y no jerarquizadas, sin restricciones, sin procesos preestablecidos, lo que supone una revolución del modo de concebir y realizar el proyecto arquitectónico. Este cambio afecta profundamente el lenguaje arquitectónico y como consecuencia la relación cognoscitiva entre la arquitectura y el ser humano. Los nuevos medios efectivamente producen imágenes que no expresan las cualidades táctil y plástica del espacio arquitectónico, imágenes en las cuales los receptores no reconocen experiencias humanas esenciales. El universo interno del hombre formado por hitos, coordenadas, jerarquías y sobre todo con unos límites propios, es imposible que constituya el punto de partida de la organización del espacio digital. "El cuerpo se liga estrechamente y depende fuertemente de la arquitectura. El movimiento corporal está sometido a las mismas leyes físicas que rigen las formas construidas, esas formas que poseen la capacidad de contenerlo, limitarlo y dirigirlo físicamente. La arquitectura, como se ha dicho, es la construcción de lugares, es, ante todo, 'la acción de extender el mundo interior de los seres humanos al mundo exterior creando formas aprehensibles capaces de ser experimentadas y habitadas".[35] La compatibilidad del espacio vital del hombre y el código digital queda en entredicho.

Así "la arquitectura del ojo" sigue en esta obstinada persecución –desde el barroco– de producir efectos para el aprovechamiento estético sin vinculación a la propia vida, a modo de obtener el mayor impacto estético mediante el menor uso de material significativo. Eso es porque encuentra en las nuevas tecnologías de la producción y la reproducción icónica –ya son las mismas– su mejor aliado en el trabajo sistemático

de la conversión de la realidad en ficción. El producto arquitectónico
adopta las características y la estructura propia para la difusión, la
comercialización y el consumo de las ideas y los productos en general:
una poderosa imaginería para la virtualidad del espectáculo. El anuncio de la "muerte del aura" por Benjamin y del arte como "mercancía"
por Adorno, desemboca en ese contexto neotécnico de la infinita producción de imágenes llenas de contenido mitológico y en el *free value
system* del pensamiento neoliberal. La "politecnología actual" –lo que
se puede considerar la informática en combinación con las telecomunicaciones y otras tecnologías– generan conjuntamente un desarrollo
incontrolado y turbulento de nuevos usos, formas interactivas entre
grupos, campos y ramas del conocimiento y nuevos ámbitos de acción
totalmente inexplorados. Las ideas se estimulan a través de su migra-
ción entre los diferentes medios pero en la ideación arquitectónica
asistida por ordenador, lo paradójico es que detrás de la singularidad
y la innovación continua permanecen algunos de los viejos clichés: los
camuflajes, las pieles y las apariencias segregadas de un neobarroco
siempre en esta tensión entre la disciplina arquitectónica y las técnicas comunicativas.

En este sentido, habría de reconducir la *paideia* arquitectónica conside-
rando inseparable la educación en creatividad, técnicas instrumentales,
y las demás materias técnicas y teóricas. La formación arquitectónica
debería abordar de forma conjunta la experiencia creativa con el conocimiento, las aportaciones de la memoria histórica, la conceptualización
teórica y una exploración psicológica del sentido concreto que transmite directamente una composición formal. Este tipo de análisis habría de
ser la adecuada para motivar la creatividad y no acabar con ella. Habría
de armonizar el aprendizaje de herramientas y la práctica de destrezas
manuales con las distintas áreas del saber humano para conseguir
una comprensión más amplia y más profunda de lo arquitectónico y a
pensar productivamente. En todos los niveles de la educación artística,
solamente se puede expresar si se han adquirido los medios necesarios
para ello pero en ningún momento las herramientas deberían de superar el nivel de concepción del aprendiz, lo que puede ocurrir con las
herramientas digitales.

Jean Nouvel, 1. Filarmónica de
París, 2007;
2. Teatro de la Opera de Dubai, 2007;
3. Life Marina, Ibiza, 2007;
4. Tour Signal, La Défense, Paris,
2008.

La técnica constructiva

De la definición "la arquitectura es un arte", en griego *techne*, se extrae
una doble faceta de idea y *factum*. A esa doble naturaleza de la arquitectura como idea abstracta –actividad compositiva– y como ejecución
material –actividad constructiva– se refería Platón al definirla como una
techne. Porque *techne* para Platón es "conocimiento de algo, dominio
del conjunto de reglas idóneas para dirigir una actividad". Dichas normas podrían transmitirse y ser objeto de enseñanza.[36] "No hay arte sin
reglas" como expresaba la máxima de la Academia aunque estas reglas
desde el barroco y, sobre todo, desde el romanticismo han sido de
mayor o menor racionalidad. Pero, en todo caso, la condición técnica de
la arquitectura responde a unas leyes físicas y cumple con unos precep-
tos sancionados por la práctica.

"A todo arte le corresponde una técnica que hace de fundamento material suyo, que le prepara la materia según ciertas formulas
o reglas para que pueda hacer de lugar de aparición del fenómeno
artístico". De ahí que el arte de construir deba ir precedido del conocimiento de la técnica de la construcción así como el proyectar debe ir
precedido por la técnica de dibujar. El dominio de estos procedimientos mejora la capacidad artística.[37] Aristóteles distinguía el "arte" de
la mera "técnica" que consistía en una serie de procedimientos orde-
nados conforme a reglas. El proceder del arte tenía en sí una finalidad
específica –ser para algo– cuyo fundamento (razón verdadera) radicaba
en el hacer artístico.[38]

Según Immanuel Kant, "cuando el arte conforme con el conocimiento
de un objeto posible, cumple solamente las operaciones necesarias
para realizarlo, es arte mecánico. Si, en cambio, el arte es lo que da
sentido al hacer significándolo, orientando la técnica en una dirección
determinada, se puede hablar de arte".[39] Restringir el arte a su primer
dominio, el de los procedimientos, es un reduccionismo, una visión
utilitarista que se propagó en la industrialización cuando se afirmaba la
neutralidad de la técnica como si fuese ajena al hombre.

"La arquitectura es un oficio" aseveraba Gropius. La concepción del
trabajo del arquitecto como artesanía es, sin duda, previa a la del arte.

"Los artistas son artesanos en el sentido original de la expresión y sólo
en momentos muy raros y mágicos de revelación, que brotan al margen
del poder de su voluntad, el arte puede florecer inconscientemente en el
trabajo que surge de sus manos".[40]

Efectivamente, y volviendo una vez más a Vitruvio, "no se puede ser
arquitecto sin conocer las técnicas de las artes que le son propias".
Pero "los arquitectos que sin teoría, y solo con la práctica, se han
dedicado a la construcción, no han podido conseguir labrarse crédito
alguno con sus obras, como tampoco lograron otra cosa que una sombra, no la realidad, los que se apoyaron sólo en la teoría".[41] Así Vitruvio
señalaba la indisoluble relación entre ambos dominios: entre la teoría y
la práctica, entre el carácter abstracto y material de la arquitectura.

Y Alberti: "Así como el cometido del arquitecto es aquél que sepa imaginar las cosas con razones ciertas y maravillosas, y dentro de la regla,
tanto con la mente como con el ánimo; así como llevar a cabo en su obra
todas estas cosas, las cuales, mediante movimiento de masas, conjunción y acumulación de cuerpos, se pueden adaptar con gran dignidad
al uso de los hombres y para poder hacer esto es necesario que posea
conocimientos de las cosas mejores y excelentes".[42]

"La arquitectura es una metáfora de la construcción" es una hermosa
definición de la arquitectura que hace Schelling. La arquitectura no es
directamente construcción, sino la representación del hecho constructivo. Por lo tanto, lo que se interpone entre construcción y arquitectura
es la representación del hecho constructivo en formas estables, en formas inteligibles.[43]

"En toda construcción hay que tener en cuenta su solidez (*firmitas*),
su utilidad (*utilitas*) y su belleza(*venustas*). Así dice Vitruvio y Quaroni ahonda en ello: "se puede decir con mayor propiedad que la obra
arquitectónica es el resultado, ante todo, de los contenidos sociales y
de las razones "institucionales" por las que una determinada sociedad
o poder requiere una obra arquitectónica (utilitas) y que otras razones
"humanas" deben ser la base de todo buen proyecto; diremos además
que la estructura espacial que el arquitecto haya imaginado como la
más idónea para responder a la demanda social deberá concebirse en
términos constructivos y tecnológicos (firmitas), es decir, se realizará

a través del empleo de materiales adecuados para que pueda resistir estáticamente y pueda proteger del calor, del frío, del ruido, del sol y de ojos y manos indiscretas; y finalmente diremos que estas dos operaciones hay que hacerlas de acuerdo, sirviéndose de las capacidades de control proporcionadas por la "cultura" arquitectónica, que tiende a que utilidad y resistencia anulen sus incompatibilidades recíprocas e incluso su originaria identidad para transformarse, simple e íntimamente fundidas, en lo que se llama arquitectura, es decir, la resultante estética (venustas)".[44]

La verificación de las tres componentes vitruvianas, añade Quaroni, no se sitúa en el mismo plano cognoscitivo. "El conocimiento de la *utilitas* y de la *firmitas* pertenecen a la esfera racional del conocimiento, mientras que venustas, es decir el modo de manipular utilitas y firmitas para obtener de ellas arquitectura, pertenece, por una parte, a la esfera racional y, por otra, a la irracional. A la génesis arquitectónica corresponden simultáneas manipulaciones, a veces racionales y conscientes, a veces irracionales, de todo material que el proyectista extrae de su trabajo (...) y del almacén de la memoria. En estas manipulaciones intervienen modos y reglas nuevas, imágenes ya poseídas, "invención" sustancial. Se trata de un almacén abierto, en el cual junto a la memoria de viejas imágenes, a la memoria de fases resolutivas de un problema ya abordado y a la memoria de operaciones gráficas y técnicas ya probadas, se van a depositar para trabajar luego todas juntas, las novísimas aportaciones en la elaboración del proyecto en marcha. Estas manipulaciones y esta elaboración deben tender, en lo posible, a la resolución integral del problema sin simplificaciones que no sean las exigidas por el mismo proceso creador, es decir sin reducciones fáciles y excluyentes de algún elemento aparentemente poco importante y que en cambio, podría actuar como catalizador en la reacción proyectual bajo el impulso interior que es la fuerza resolutiva del proyecto; fuerza no descriptible, pudiendo sólo conocerla proyectando". Como podemos observar, Quaroni considera por igual la participación del conocimiento técnico con los otros componentes intelectuales y creativos en los procesos de la invención arquitectónica.

"La degeneración del Movimiento Moderno en el 'funcionalismo' en algunos países que no habían seguido lo que estaba ocurriendo en Alemania más que en las ilustraciones de las revistas, ilustraciones

que se leían sólo desde la óptica figurativa, fue algo parecido al pseudo
revival del 'novecentismo arquitectónico', desde el cual, la arquitectura
contemporánea trata de renovarse. Se trata de una arquitectura que ha
simplificado el proceso intelectual y político de los racionalistas hasta
el punto de considerar posible derivar directamente del análisis de las
'funciones' –entendidas positiva y no socialmente– el aspecto formal y
la estructura estética de un edificio –apoyándose sólo lateralmente en
la tecnología, entendida ésta también sólo positivamente–, sin complicaciones culturales".[45]

"Es un reduccionismo y una simplificación entender el proceso proyectual como un proceso técnico y que es posible proyectar sin tener en
cuenta otros *contenidos*, identificando con la *geometría*, lo específico
de la arquitectura y confiando al gran potencial de la técnica de hoy
para poder construir lo proyectado. Los que sostienen que es posible
proyectar partiendo directamente de la construcción e introducir luego
en el 'contenedor' los espacios necesarios y las funciones sin poner en
relación directa formas y contenidos están en un equívoco. El resultado
arquitectónico ha de integrar los volúmenes y los espacios; la organización y los sistemas geométricos han de ponerse en relación con la 'idea'
que va concretándose en forma por líneas racionales o por líneas inter-
pretativas más subjetivas, en relación con los significados culturales y
de acuerdo con la institución social a que se destina el proyecto".[46]

Lo propio de la arquitectura es que es forma significativa y expresiva, es
decir, tiene carácter simbólico y emblemático que adquiere a través de
su articulación lingüística, es decir, la posibilidad de articular gramati-
calmente unos elementos que la hacen significativa según unas reglas
que tienen que ver con la consecución de la belleza.

En el origen de la arquitectura está la técnica constructiva que se desarrolla en relación con la forma y para darle forma. La técnica origina y
da forma a la arquitectura como una auténtica fuente de creación y no
meramente como base productiva. La técnica está íntimamente ligada
a la expresión de la arquitectura, al lenguaje arquitectónico, a la vez
que proporciona soluciones a los problemas de configuración y estabilidad de los materiales. Tiene así una incidencia fundamental en el
contenido arquitectónico; en la comunicación y la significación de la
arquitectura. Es, pues, la técnica factor de creación y de innovación y al

mismo tiempo aporta certidumbre de la posibilidad de realización de lo pensado. Esa es la adhesión de la arquitectura al espíritu positivista de Comte (1842), la línea del pensamiento de Viollet-Le-Duc –considerado cabeza del movimiento racionalista con bagaje científico– y de Gottfried Semper(1803-1879) –el otro gran exponente de la repercusión positivista sobre la concepción del arte y su evolución histórica– y también la del historiador de la arquitectura Auguste Choisy (1899 y 1904).

Viollet cambia el rumbo del movimiento neogótico introduciendo una nueva reflexión sobre los nuevos procesos constructivos. Aunque sigue la línea neogótica excluye toda referencia romántica o sentimental. Se opone a las pretendidas leyes universales de la arquitectura y busca leyes más adecuadas a la realidad, el uso apropiado de los materiales y las necesidades funcionales. Integrado políticamente en el II imperio de Napoleón III, lleva a cabo una campaña contra el eclecticismo, reforma la Academia que controla *l'École des Beaux-Arts* y es precursor del *Art Nouveau*. Sería precisamente en el Art Nouveau, donde los materiales y la construcción se convierten en la expresión renovada del impulso vital del romanticismo fuera de las normas y de los procedimientos estipulados en la teoría de la composición.

El movimiento *Arts and Crafts* (1880-1910) inspirado por la obra de John Ruskin y asociado, sobre todo, a la figura de William Morris –artesano, impresor, diseñador, escritor, poeta y activista político–, revaloró, en plena época victoriana, los oficios reivindicando la primacía del ser humano sobre la máquina y la filosofía de utilizar la tecnología industrial al servicio del hombre potenciando la creatividad y el arte frente a la producción en serie. Morris como un hombre polifacético que era, se dedicó no sólo desde un punto teórico sino como fabricante y productor a la recuperación de las artes y oficios medievales, renegando de las nacientes formas de producción en masa. El movimiento abría así un filón hacia las nuevas concepciones de la forma arquitectónica donde las hipótesis semperianas sobre unos principios objetivos que determinan el nacimiento de la arquitectura, el material, la técnica y la finalidad serían los factores principales, de los que dependería la evolución del arte para la cual Semper admitía que podía alcanzar la plena libertad.

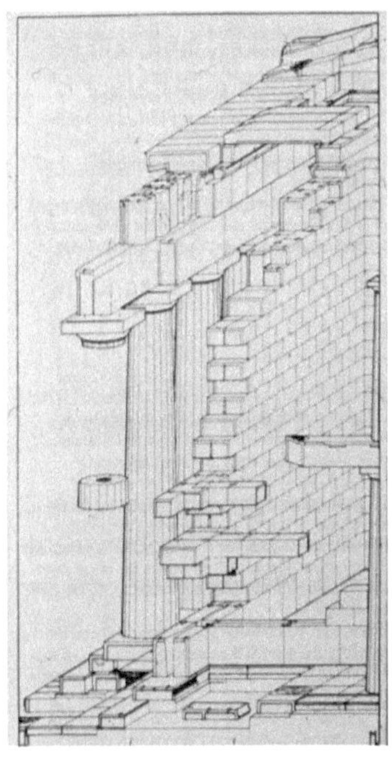

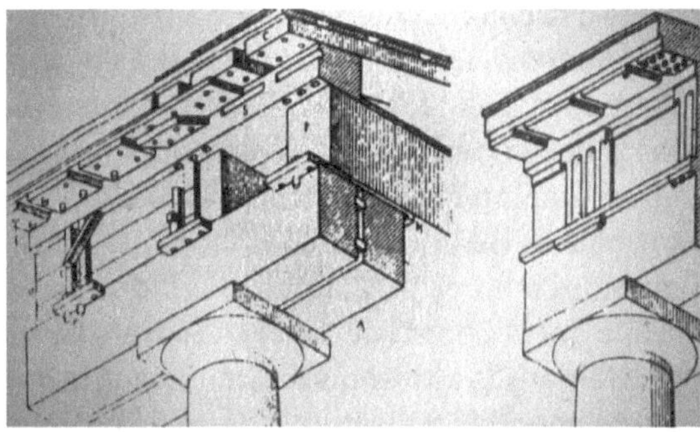

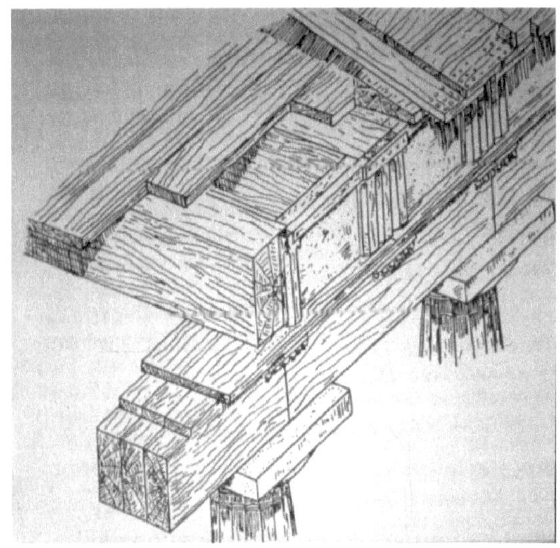

"la arquitectura es una metáfora de
la construcción no es directamente
construcción, sino la representación
del hecho constructivo"

Schelling

Sistemas constructivos

La arquitectura como práctica constructiva, dio lugar al ensamblaje de materiales según un sistema constructivo y a la creación de artefactos técnicos. Los fundamentos de la construcción desde sus más primitivas formas son los de crear un espacio protegido y vividero, ocuparse de la transmisión de las cargas de los materiales y de las cargas adicionales al suelo y la evacuación de las aguas. La atención de esos requerimientos del sistema constructivo da lugar a un sistema formal y espacial de la arquitectura.

Según la clasificación de Norberg-Schultz,[47] los sistemas constructivos se pueden dividir en dos tipos: *sistemas masivos* y *sistemas de esqueleto*. Ambas clases tienen muchas variantes, y existen tipos intermedios y sistemas combinados. Los dos tipos básicos cumplen los objetivos de construcción de muros de cerramiento y la cubrición de los espacios así formados. Hemos de distinguir por tanto, entre *sistemas de cerramiento* y *sistemas de cubrición*, ambos fundidos en un único sistema con el desarrollo del sistema abovedado. Se trata de un *sistema masivo* compuesto de elementos que son simultáneamente soporte y cerramiento. Los elementos de un sistema masivo de cerramiento son –aproximadamente– masas isótropas, que pueden construirse tanto mediante la *adición* de elementos subordinados –ladrillos, mampuestos, etc.–, como el *vertido* y el *moldeado* de una masa que se convierte en monolítica y puede descomponerse analíticamente en secciones iguales.[48] Mientras que este sistema ofrece una gran libertad para las opciones de cerramiento es totalmente condicionante para el sistema de cubrición. Los sistemas masivos de cerramiento inicialmente han estado combinados con sistemas de cubrición tipo esqueleto –vigas, jácenas, cerchas–, mientras que el sistema masivo continuo de cerramiento y cubrición materializado en las cúpulas y las bóvedas con material que está trabajando a compresión dio lugar a un nuevo concepto de espacio.

Fue el método romano de la construcción en hormigón el que dio lugar a un sistema masivo completo que permitía la cubrición de grandes espacios y ofrecía una gran libertad de formas espaciales y de perforaciones de los cerramientos. Esta libertad ha llegado a ser completa con el hormigón armado en el cual las fuerzas se trasmiten a través de las armaduras. El armado introduce el principio de esqueleto y la masa pierde así su carácter isótropo. El sistema de esqueleto, consecuencia del hormigón moderno es, de hecho, el sistema moderno más extendido.[49]

El sistema masivo se caracteriza, pues, por la equivalencia aproximada de todos los elementos. Sus superficies y masas son homogéneas mientras que las formas espaciales a causa de los problemas de cubrición, están limitadas a una serie de configuraciones elementales. El tamaño y la colocación de las aperturas están también restringidos. Los huecos adquieren carácter de figura, actuando la masa neutra como fondo donde su articulación se establece mediante un tratamiento "escultural" de los elementos.

La construcción masiva por lo general ha ido satisfaciendo cometidos de una estructura funcional relativamente sencilla. De hecho la arquitectura del pasado se puede describir como una lucha contra las limitaciones de los sistemas masivos. La arquitectura construida a través de este sistema ha requerido generalmente un recubrimiento con elementos que satisfacían sus necesidades simbólicas y significativas. No es intranscendente que tantas veces esos elementos fingían o daban la imagen de construcción en esqueleto. Los romanos enriquecieron de esta manera sus formas arquitectónicas y el principio llegó a ser corriente en la arquitectura del Renacimiento y del Barroco, lo que constituye, en cierto modo, el principio de la transición al sistema moderno de esqueleto; o según Semper era el recuerdo de la construcción originaria que recuperaría la arquitectura moderna.

Un *sistema de esqueleto* se define mediante la distinción entre elementos de soporte y de cerramiento. Consta por tanto, de partes primarias y secundarias, y tiene una estructura de superficie mucho más rica que el sistema masivo. Las aperturas participan intrínsecamente del sistema, en lugar de ser perforaciones relativamente accidentales. El tamaño y la forma de los espacios pueden tratarse con gran libertad, ya que las superficies límite son independientes de los miembros portantes. Esta libertad también se refiere a la altura y a la cubrición del edificio. Las cerchas y entramados de acero, las láminas, las placas plegadas y las estructuras nervadas de hormigón armado permiten la cubrición de superficies de unas dimensiones anteriormente inconcebibles.

Los elementos primarios de un sistema de esqueleto forman una retícula tridimensional que puede ser más o menos regular. La regularidad

obedece a varias razones. Además de aportar claridad a la construcción, coincide con un orden formal basado en la economía mediante la
racionalización de los componentes. La construcción colabora así con
la exigencia de articulación formal y espacial adaptándose el esqueleto
a ésa con ángulos rectos y oblicuos.

En principio podemos distinguir entre dos tipos de esqueletos: *unitarios*
y *repetitivos*. Los esqueletos unitarios se usan para salvar grandes espacios continuos, y en su mayoría forman un todo cerrado. Un entramado,
sin embargo, puede extenderse añadiendo nuevos elementos en las dos
direcciones. Así que los esqueletos repetitivos se forman mediante la
adición de unidades tridimensionales en retícula ofreciendo unas posibilidades de flexibilidad en cuanto a forma y tamaño extraordinariamente interesantes.

Los elementos secundarios pueden ser de diversas clases; pueden formar estructuras de segundo orden completo, que comprendan nuevos
elementos subordinados: elementos de cubrición, de relleno, exentos,
etc. Un problema importante al proyectar sistemas estructurales es la
conexión de las diversas partes. Las *juntas* son precisamente las que
determinan las posibilidades estructurales. La disposición del esqueleto respecto a la organización de la planta y de la fachada es un aspecto
que nos proporciona una clasificación, particularmente tratándose de
edificios de exigencias estructurales especiales, grandes dimensiones
y sobre todo los edificios en altura. La expresión de la estructura, es
otro aspecto que ha ocupado la investigación arquitectónica llegando a
nuestros días la cuestión de la estructura a constituir un problema formal más que un problema técnico.

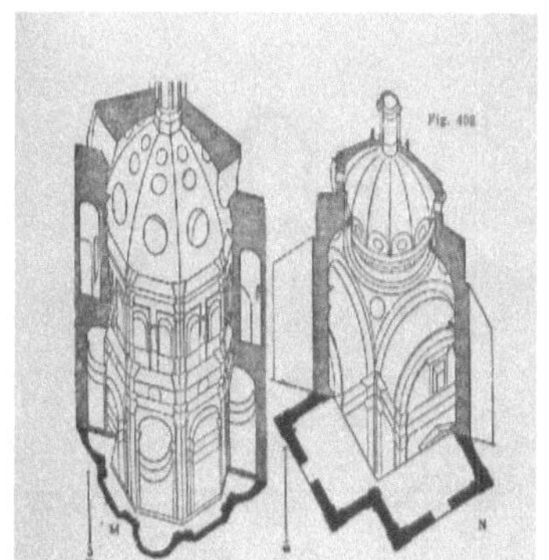

Sistema constructivo masivo y sistema constructivo mixto.

Auguste Choicy, La construcción romana.

La superposición de elementos ornamentales y
órdenes llegaron a constituir un cierto principio de
la transición al sistema de esqueleto.

Auguste Perret,
Garaje en la rue de Ponthieu, París, 1906.
Sastrería Esders, Paris, 1919.

Esqueletos unitarios que se usan para salvar grandes espacios continuos.
La estructura de hormigón se muestra tanto en el exterior como en el interior
en toda su sinceridad material sin revestimientos.

Estructura y revestimiento

Si en tiempos antiguos y en época reciente el mundo formal de la
arquitectura ha sido a menudo considerado como condicionado y
derivado, sobre todo, del material, en tanto que la construcción era
considerada como la esencia de la arquitectura, para Semper no era la
propia materia (natural) y según las leyes dictadas por la naturaleza,
la que tenía que elegir y adoptar la arquitectura sino que debía hacer
depender la forma y la expresión de sus creaciones, de las ideas que
en ella viven.[50] Semper muestra una actitud compleja y ambivalente
respecto a las ideas materialistas y su influencia sobre el arte en anunciados que contemplaban la coexistencia de impulsos contradictorios.
"La forma, esto es la idea convertida en fenómeno no puede estar en
contradicción con el material del que se sustancia; sin embargo, no
es en absoluto necesario que el material en sí intervenga como factor
esencial en la manifestación artística".[51]

En el horizonte decimonónico marcado por las aspiraciones a una racionalidad constructiva que venía impuesta por los nuevos materiales,
Semper advierte que debe proceder a una reformulación dando a tal
principio un fundamento teórico racionalista y, por ende, en conflicto
con su originaria componente simbólica. Así llega a formular tesis en
cierta sintonía con las de Viollet o Pugin sobre "la verdad de los materiales y de la construcción" que en rigor suponen el fin del principio de
revestimiento que, en su teoría hace posible la sublimación de la técnica, y sin el cual ésta terminaría por plantearse como algo determinante
y absoluto para el arte y la arquitectura. En la concepción de Semper, es
el revestimiento el que puede hacer posible dominar y remitir a los valores de solidez clásica "esa gracilidad de la moderna construcción en
hierro" exaltada, por otro lado, por Viollet y Pugin.

Al no haber clarificado y resuelto tal dualismo ha hecho que, partiendo
de las teorías de Semper se hayan desarrollado tantos filones de pensamiento de orientación determinista como otros más sensibles al carácter problemático de sus descubrimientos. Precisamente a los no resueltos dualismos semperianos se debe, a partir de los últimos años del
siglo XIX, la apasionada reflexión de Adolf Loos, sobre la *Bekleidung*
(el lenguaje de los materiales), o la de Otto Wagner sobre *Nutzstil*
(puede traducirse literalmente como estilo-útil) o la de Hendrik Petrus

Berlage sobre 'waandarchitectuur' (arquitectura de muros), todas fundamentalmente tendentes –por encima de diferencias que llegan a veces a ser sustanciales– a verificar la vitalidad y la posibilidad del mito textil y del principio del revestimiento que la exaltación de las nuevas técnicas y la teoría de la racionalidad constructiva habían minado en sus fundamentos y convertido en obsoleto.[52]

A mediados del siglo XIX, con los textos *Der Stil* y *Entretiens sur l'Architecture*, Semper y Viollet-le-Duc respectivamente definen dos líneas teóricas fundamentales en la historia de la cultura arquitectónica centradas, la de Semper, en la idea de la transfiguración de la estructura y de los materiales constructivos a través del revestimiento, y la de Viollet-le-Duc en la idea de una directa correspondencia entre estructura y forma arquitectónica. Donde estas líneas se desarrollan de forma autónoma, sus intérpretes llegan a poéticas caracterizadas por una extrema coherencia, ya se trate del virtuosismo de la superficie de un Josef Hoffman o de la verdad de la estructura de Auguste Perret. Donde ambas líneas teóricas se entrelazan y se interfieren mutuamente, las tentativas de encontrar una síntesis están condenadas a la problematicidad de un dualismo incurable que sólo la voluntad teórica y la capacidad de forma de un Berlage o de un Wagner logran traducir en fuerza interior de su propia poética; y es en estas tentativas donde en el principio del revestimiento queda conscientemente resumida la problemática de una interpretación más o menos directa de la estructura.

Se muestra así cómo la aparente incoherencia entre la teoría materialista y funcionalista de un Wagner y su arquitectura –que tiende a la máxima cualificación simbólica de la envoltura como telón– no es tal: por una parte se erige en paladín de los nuevos materiales y de las nuevas técnicas, sosteniendo que de ellos derivan las formas de una nueva arquitectura; por otra, continua adoptando también por razones económicas y tecnológicas, materiales y técnicas tradicionales, expresando en cualquier caso esa modernidad ideal al conferir al revestimiento valores simbólicos alusivos a la ligereza. En esta contradicción se debatían también campeones del racionalismo desde Le Corbusier a Gerrit Rietveld o Walter Gropius, transfigurando, a través del revestimiento de revoco, una construcción de materiales tradicionales para hacerla aparecer como resultado-modelo de materiales modernos. Después de la riquísima serie de inflexiones y experimentaciones de la cultura arquitectónica internacional entre finales del siglo XIX y principios del XX, las problemáticas del revestimiento se resolverían en la absoluta ausencia de ornamento, en la pared desnuda, blanca, transparente. Con la *Neue Sachlichkeit* (Nueva Objetividad), el revestimiento se convierte en medio de desmaterialización.[53]

La experimentación con el revestimiento en la arquitectura de Wagner y la *Wagnerschule* se llevó a cabo con tal intensidad y determinación hasta el punto que para la Viena *fin de siècle* puede valer la definición de "ciudad de la incrustación" propuesta por Burckhardt para Venecia. En *Der Stil* se anuncia la "transfiguración de la realidad" a través del "enmascaramiento", concepto que para Semper y los vieneses implicaba en cualquier caso, el dominio de la técnica: de ahí esas aparentes contradicciones entre el "Nutztil" como determinista aplicación de las modernas tecnologías y las aplicaciones concretas de esa semperiana ideal transfiguración simbólica de la realidad constructiva. Según Semper, sólo una perfecta realización técnica, sólo un correcto tratamiento de los materiales según sus cualidades, sobre todo, el respeto a estas últimas al modelar la forma, pueden hacer olvidar los materiales mismos, pueden liberar totalmente de ellos a la creación artística.

Wagner que tiende a adoptar sistemas constructivos mixtos como también Hoffmann, concreta en los valores de la superficie como medio privilegiado del lenguaje arquitectónico, las investigaciones en "Moderne Architektur". Las soluciones de revestimientos han sido investigadas a fondo. El revoco es investigado en todas las posibilidades como solución de revestimiento cargada de capacidad metafórica referida, sobre todo, a la cultura textil y llevada a cabo en algunas de las estaciones del Metro de Viena, en particular en el Hofpavillon en Hietzing (1896-99) y edificios de viviendas.

La Majolikahaus de la Linke Wieneile (1897-98) está revestida con placas cerámicas que crean un dibujo continuo que alude una cortina preciosamente recamada y fijada a la pared mediante los mascarones situados sobre la última serie de ventanas.

El aplacado pétreo es otro revestimiento estimulado por la idea wagneriana que permite una independencia absoluta entre el aparejo murario y el diseño del revestimiento reducido en espesores mínimos. Wagner y con él, los arquitectos vieneses experimentan soluciones formales de anclaje de las placas: el de los elementos metálicos a la vista (clavos, bulones), y el tradicional de elementos no visibles (codos). Se puede reconocer un desarrollo progresivo de soluciones desde el almohadillado a la forma plana y perfectamente pulida, desde el aparejo de juntas verticales falsas, que alude todavía a una lógica constructiva tectónica, al aparejo de tipo geométrico abstracto. La clavazón metálica de las placas con clavo fileteado y cabeza vista en sus posibilidades ornamentales es otro tema investigado a fondo también y forma parte inseparable de la poética del revestimiento vienesa.

En la Postparkasse vienesa (1904-06 y 1910-12), los muros son de ladrillo revestidos con placas de granito en el basamento y mármol en los demás pisos, fijados sobre listones partiendo de la parte superior del edificio. Los clavos aseguran las placas mientras endurece la masa y dotan a la superficie pétrea de una organización gráfica novedosa. La jerarquía de la composición de la fachada ya no se confía en la tradicional presencia de los órdenes y los miembros arquitectónicos sino a la dimensión y a la forma de las placas y a la densidad de los motivos gráficos de los clavos y de las aplicaciones del aluminio (rectangulares, convexas y rayadas). El granito gris y el mármol blanco contribuyen al efecto de un revestimiento orquestado en variaciones tonales.

Otto Wagner, Majolikahaus,
Linke Wieneile 40, Viena, 1897-98.

Otto Wagner, Hofpavillon de la Estación de Metro Hietzing, Viena, 1896-99.

Otto Wagner, Estación de Metro Karlsplatz, Viena, 1898-99.

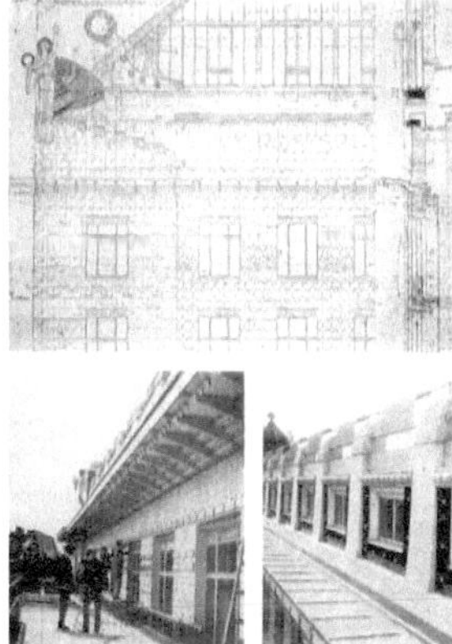

OttoWagner, Postparkasse, Viena, 1904-06 y 1910-12.

Joseff Hoffman, Palacio Stoclet, Bruselas, 1905.

La cualificación de la superficie constituida por placas de mármol, afirma la continuidad del revestimiento sin elementos de fijación vistos.
En el hall del palacio Stoclet, con el revestimiento Hoffman evidencia la estructura de pilares que queda así visualmente aislada gracias además a una marca que gira en torno al parapeto y la ausencia de cualquier conexión al techo. La superficie queda así perfectamente continua, abstracta y desmaterializada. El pilar es de hormigón armado mientras que las superficies de parapeto y techo están revocadas; una faja de mármol blanco está incrustada en el pavimento de madera (decorado como una alfombra) y resuelve la base del elemento constructivo de modo que no se apoya sobre el pavimento sino que lo atraviesa.

La teoría loosiana[54] tiende a aislar el principio de revestimiento de las implicaciones formales del mito textil y a conferirle una extrema racionalidad. Así por ejemplo, las lastras de mármol no deben ser de pequeñas dimensiones, para no correr el riesgo de que aparezcan como elementos de un aparejo murario, sino lo más amplias posible para expresar su naturaleza de superficie de revestimiento. Loos muestra predilección por los mármoles griegos con acentuados dibujos de vetas y el montaje de placas contiguas, cortadas del mismo bloque de modo que el dibujo de vetas resulte especular respecto a la línea de junta. Obedece a un gusto gráfico que hace el efecto de revestimiento más similar a los trabajos de ebanistería.

Según Loos, con el estuco se puede imitar cualquier ornamento excepto uno: el que imita la construcción con ladrillo visto. El racionalismo de Loos en relación al revestimiento, le atribuye el valor de piel, pero renuncia a todos los virtuosismos gráficos de simbolismo textil propios de la decoración de gusto secesionista. Loos teoriza sobre fachadas "lisas de arriba abajo", solución límite que prefigura el contexto de las vanguardias arquitectónicas sobre la superficie abstracta, consigna, como podemos ver, de influencia loosiana pero que nace en el seno de la teoría semperiana del revestimiento. El revoco debe ser extendido como una superficie continua sin ningún diseño que proponga texturas de materiales constructivos como sillares o ladrillos, sin ornamentos pintados, grabados o en relieve. Loos va más allá de la aspiración wagneriana a la verdad de los materiales de revestimiento, renunciando también a esas implicaciones simbólicas semperianas todavía perpetuadas por los arquitectos vieneses en la solución de revestimiento de revoco. Tiende así a realizar la superficie sin suturas, coherentemente con su idea de un revestimiento que no imite ninguna estructura constructiva. Que no describa ningún mito originario.

Adolf Loos, edificio Godman & Salatsch,
Michaelerplatz, Viena, 1909-1911.

Se puede reconocer una analogía entre el razonamiento de Semper y Frank Lloyd Wright en búsqueda de un comienzo mitológico para la arquitectura que Semper identifica con la cabaña caribeña. Las teorías de Semper posiblemente a través de Sullivan pueden haber desempeñado en Wright un papel de confirmación de orientaciones y soluciones derivadas también de las casas de los pioneros, articuladas entorno al hogar, y de la arquitectura japonesa hecha de paredes como diafragmas. Wright es incapaz de desarrollar soluciones técnicas coherentes con el principio teórico de la verdad de la estructura. Con mucha frecuencia adopta el revestimiento en formas que son un total *enmascaramiento* de la estructura y que obedecen a la ley de la estratificación de abajo arriba, para indicar siempre un enraizamiento tectónico de la pared al suelo, pero no aclarando nunca su naturaleza de estrato aplicado o suspendido de revestimiento. Lo que parece estructura de ladrillo o de piedra es, habitualmente, revestimiento. Y hasta finales de la década de 1910, la construcción en madera, cuando no sigue proponiendo la tradicional envoltura de *Shingle Style*, se resuelve en la continuidad de una superficie de revestimiento en revoco que produce el efecto visual de muros tradicionales o de hormigón. Wright sigue persiguiendo el efecto primordialmente de masividad, traicionando así la propugnada coherencia con la naturaleza de los materiales.

Frank Lloyd Wright, Unity Temple, Oak Park, Chicago, 1905-06.

La expresión de la estructura. Escuela de Chicago

El esqueleto de la estructura metálica o de hormigón armado además de
su evidente función primaria ha pasado a adquirir un significado moderno. Tal vez, el papel de la estructura queda perfectamente ejemplariza-
do por el dibujo de Le Corbusier que ilustra el sistema estructural de
la casa Domino pero además de su evidente función primaria indica el
concepto del espacio moderno indefinido, isótropo, extensivo, infinito,
mecánico y determinado por planos abstractos.

La retícula neutral del espacio delimitada por el esqueleto de la estructura define relaciones y genera una forma siendo la estructura el catalizador de la arquitectura. La arquitectura moderna es inconcebible sin
ella, la propia estructura se ha convertido en arquitectura. En muchos
edificios incluso, la estructura muestra una apariencia cuando ésta
no es estructuralmente necesaria. En muchos edificios, la estructura
parece hallarse presente cuando en la realidad no lo está. "Sin llevar
la analogía demasiado lejos, podríamos decir que, en la arquitectura
contemporánea, la estructura ha pasado a detentar el papel que en la
antigüedad clásica y el renacimiento tuvo la columna. Como ésta, la
estructura establece por todo el edificio una razón común con la cual se
relacionan todas las partes y, como el arco de ojiva en la catedral gótica,
genera un sistema al que quedan subordinadas todas las partes".[55]

La estructura es verdaderamente la esencia de la arquitectura moderna.
Su papel se vio directamente anticipado en la arquitectura comercial
de Chicago de los años 1880 y principios de la década de los noventa. A
pesar de que la estructura metálica había aparecido en otras ocasionas,
en Chicago fue donde sus resultados formales fueron más rápidamente
dilucidados.

Se trata de edificios fallos de retórica y de "excesos sentimentales",
según Rowe, pero que poseen "una rudimentaria magnificencia, un
sabor mucho más heroico y brutal del que podemos hallar en un edificio
actual". En las estructuras de los edificios comerciales del centro de
la ciudad, conocido como The Loop, se anticipó el papel formal que la
estructura estaba destinada a jugar.

Los clásicos edificios de oficinas de Chicago, como los cásicos palacios renacentistas italianos, estaban concebidos como volúmenes

únicos o, cuando su situación no permitía que fuesen vistos como un volumen, como simples fachadas. Al igual que los palacios italianos impresionan al observador por la economía de sus motivos y la consistencia del tema, en tanto que expresión arquitectónica que se limita a presentar una superficie sin modificar que muestra una estructura bien proporcionada y racionalmente integrada. Wright, sin embargo, siente cierta aversión por esa estructura y sus edificios se distinguen por regirse por los principios opuestos: más que un único bloque articulado estructuralmente, muestran una composición de volúmenes dinámica en lugar de una solución estructural del armazón "estática". Wright propone el motivo mucho más "dinámico" de las vigas voladizas, ya empleado en el Hotel Imperial (de Tokio). Conceptualmente el edificio wrightiano es radicalmente distinto de las primeras contribuciones de Chicago a los rascacielos. La diferencia técnica es todavía más importante puesto que tanto su construcción como sus paredes-cortina constituyen una innovación respecto a la tradición de Chicago.

Según Henry-Russell Hitchcock: "Wright ha ajustado la construcción especial empleada en el Hotel (Imperial) hasta lograr el equilibrio de una bandeja sobre los dedos del camarero"; y los miembros estructurales tanto de este edificio como de los posteriores proyectos (véase por ejemplo, National Life Insurance Company de 1924) parecen haber sido concebidos de ese modo, como una serie de núcleos que generan a su alrededor espacios de volumen inteligible. Esta preferencia, anunciada ya por la vieja preocupación de Wright por el conducto central de las chimeneas, puede servir para explicar parcialmente su renuncia a emplear un armazón regular que difícilmente permitiría tal interpretación de la estructura; pero la *fusión indivisible de estructura y espacio*, que Wright llamó orgánica, no aflora en su apogeo hasta el proyecto de St. Mark's Tower, de 1929, donde por vez primera se hace explícita completamente. Los espacios creados por la St. Mark's Tower son, ahora sí, de un inconfundible carácter wrightiano y comprensiblemente, la torre ha sido el prototipo de todos los grandes edificios construidos por Wright posteriormente. Una suma de torres como la de St. Mark sirve de base al proyecto de apartamentos de 1930, y también al proyecto de 1940 del Crystal Heights Hotel mientras que la misma torre aparece en forma condensada en el edificio de los laboratorios de Racine en Wisconsin, antes de ser finalmente convertida en el edificio Price Office, en Bartlesville, Oklahoma.

Conceptualmente todas estas estructuras presentan el núcleo de una gigantesca columna en forma de seta que sostiene una serie de bandejas, las cuales, como vemos en el proyecto de los apartamentos y en el del hotel, son sistemáticamente ampliables acercando una columna a otra hasta que las circunferencias de las bandejas se tocan o incluso se sobreponen. Como el núcleo central de la chimenea y las columnas verdaderamente achampiñonadas del edificio de la Johnson Administration, la idea de la St. Mark's Tower parece derivar de la necesidad "orgánica" de *integración de espacio y estructura* y el edificio, que colma dicha necesidad, se convierte en una manifestación única, completa y autoexplicatoria.

Para Wright como para Le Corbusier el plano siempre ha sido el generador de la forma diferenciándose netamente de Sullivan, quien nunca tuvo ningún interés especial por las posibilidades formales del plano, como han reconocido incluso sus más fervientes admiradores. Los edificios de Sullivan pueden ser, con frecuencia, impresionantes afirmaciones de la primacía de la estructura, pero cuesta creer que, para él, el significado de sus planos pudiese tener algún aspecto espacial. Los edificios comerciales de Sullivan sólo precisaban de una circulación elemental, proporcionada por el ascensor, una buena iluminación, pero no presentan ninguna elaboración espacial. Él como los demás arquitectos de Chicago considera la estructura metálica una mera solución a un problema práctico. Y, la estructura neutral fue transportada en las fachadas de los edificios comerciales para hacerse visible en términos de la necesidad de una expresividad pero no como una necesidad espacial interna del edificio. A diferencia de Sullivan, que primariamente se enfrentaba a la arquitectura a fin de llevar a cabo una estructura expresiva, Wright se mostró, desde el principio, extraordinariamente sensible a las exigencias de un espacio expresivo.

La estructura hoy está completamente asumida como un poderoso componente espacial puesto que desde entonces se encontró la fórmula que permitía aparecer simultáneamente tanto la indeterminación espacial del reticulado estructural que caracteriza toda la arquitectura moderna, sobre todo el llamado Estilo internacional, como la formulación de Wright más compleja que procede de la *unidad "orgánica" de espacio y estructura*. La estructura de Wright crea espacio o es creada por él; pero en el Estilo Internacional, la estructura autónoma perfora el espacio libre, abstracto e infinito, actuando en cierto modo como su forma definitoria, como su puntuación. En el estilo internacional, por tanto, no hay fusión de espacio y estructura y, al final, cada uno continúa siendo un componente identificable. La arquitectura no es concebida como confluencia de ambos sino más bien como su oposición dialéctica.

Para los innovadores europeos de los años 20 la estructura fue una idea esencial de la innovación espacial mientras que para los arquitectos de Chicago fue un hecho basado en el pragmatismo y la racionalidad. Si comparamos un edificio clásico de Chicago, el edificio McClurg de Holabird y Roche de 1899-1990 y un edificio europeo como la Maison du Peuple en Bruselas de Horta, construida en 1897, ambos manifiestan su preocupación por la estructura pero mientras el edificio McGlurg es una formulación sutil, sin complicaciones, la Maison du Peuple es imposible no comprender que en ella se formulan ciertos postulados teóricos como un manifiesto de un programa arquitectónico. Según Colin Rowe, el primer edificio "no ofrece ninguna garantía de la autoconciencia de sus autores", mientas que el otro "brinda muestras indiscutibles de una humanidad", un compromiso social, un carácter público. Horta pide una reacción mientras que Holabird y Roche intentan construir un entorno racional para las actividades de sus clientes.

"En esa época los hombres de negocios de Chicago no estaban dispuestos a ningún sacrificio en nombre de una idea, no precisaban de un descarado simbolismo arquitectónico –como ocurría, por ejemplo, en Nueva York–, (...) pero los arquitectos de Chicago (o algunos de ellos) eran conscientes de que el sentido simbólico siempre ha sido uno de los atributos necesarios de la arquitectura; y si como deduce Schuyler, se veían obligados a ser utilitarios, no siempre eran tan ajenos a la significación social de su utilitarismo".[56]

Aunque la revolución estructural de Chicago careció de soporte teórico, y la evolución del armazón metálico como reconoce Sullivan "fue un problema de los vendedores basado en la imaginación y la técnica ingenieriles", les fue dada por las empresas del sector, los arquitectos de Chicago diseñaron unas espléndidas fachadas puesto que los hombres del negocios estaban "dispuestos a efectuar los más generosos sacrificios por su ciudad, para que tenga ornamentos y trofeos que la conviertan en algo más que un centro porcino y de cereales. Estaban dispuestos a convertirse en mecenas de las artes, pero lo que no deseaban era que esto pudiera inmiscuirse para nada en sus negocios". Los edificios comerciales del Loop esplendorosamente al descubierto, aunque sean documentos sociales de la mayor importancia no los podemos considerar como símbolos culturales a falta de un programa específicamente arquitectónico. Fueron, sin embargo, las innovaciones más audaces, una auténtica revolución arquitectónica.

Si en Europa se engendraba una nueva teoría de la arquitectura encarnada en modelos como el rascacielos de Cristal de Mies van der Rohe o el rascacielos cruciforme de la *Ville Radieuse* de Le Corbusier –ambas formulaciones de una gran carga simbólica que comprometen los intereses morales y estéticos de un sentimiento utópico–, edificios como el Reliance Building de Daniel Burnham, constituyen una respuesta directa a un problema técnico y funcional. Pero en Europa, en donde los simples problemas de utilidad no podían adquirir tal preeminencia, la estructura recibió forma lógica gracias a la voluntad constante de una intelectualidad arquitectónica y para estos manifiestos protagonistas de la revolución, se convirtió en la respuesta no a un problema específico de oficinas, sino a un problema universal, la arquitectura. Es decir, la renovación estructural fue inconscientemente asociada al deseo de una completa reforma social.

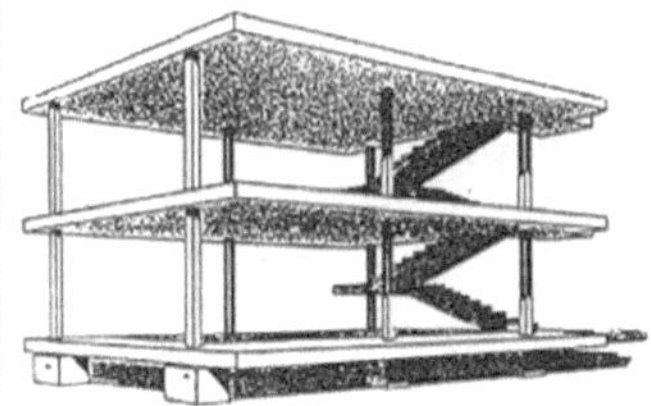

Adler & Sullivan, Wainwright Building, 705 Chestnut Street,
Saint Louis, Missouri, 1890-92.

Casa Domino
Le Corbusier.

El dibujo de Le Corbusier para la Maison Domino representa, precisamente, esa valoración; y tal vez constituya la ilustración perfecta del sentido que tuvo la estructura para el Estilo Internacional. En ella lo que encontramos no es tanto una estructura cuanto un icono, un objeto de fe que debe actuar como garante de la autenticidad, el signo externo del nuevo orden, una disciplina por medio de la cual un expresionismo invertebrado puede ser reducido a apariencia de razón. Atribuir un contenido iconográfico a la estructura fue, prerrogativa del Estilo Internacional. La preocupación de Mies, por la idea abstracta y la generalidad podía ser equiparada por el anonimato de las experiencias de la Escuela de Chicago.

William Le Baron Jenney,
Fair Store, Chicago,1889-90.

Frank Lloyd Wright,
Nattional life Insurance Company, 1924.

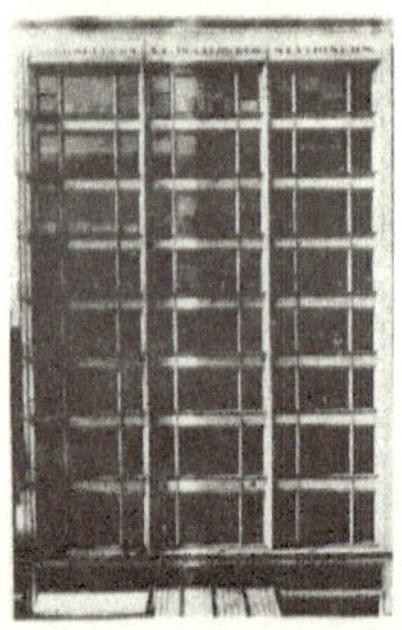

Holabird y Roche,
Edificio McClurg,
Chicago, 1899-1900.

Victor Horta,
Maison du Peuple,
Bruselas, 1896-99.

Mies van der Rohe
Torre de Cristal
para Berlin, 1921.

Daniel Burnham
Reliance Building,
Chicago, 1894.

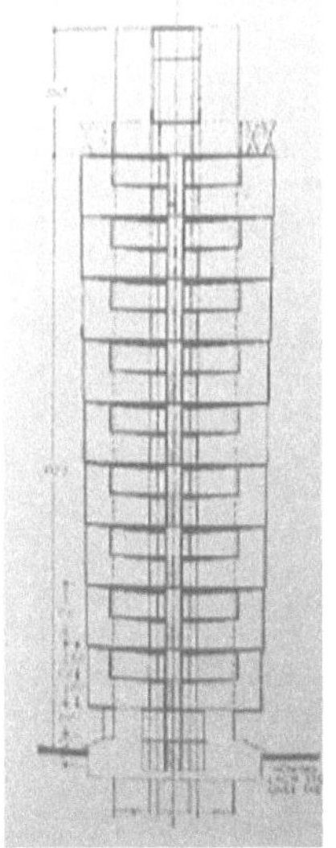

Frank Lloyd
Wright
St. Mark's
Tower, 1929.

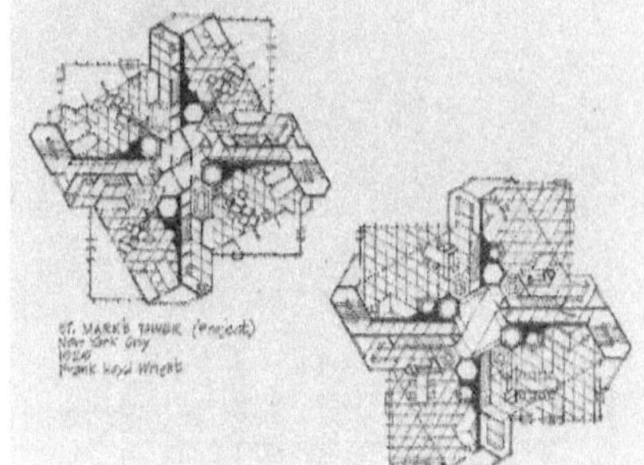

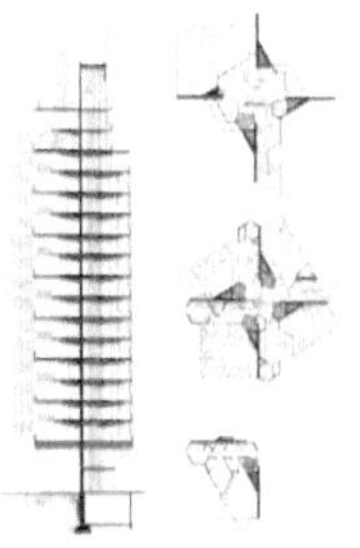

Frank Lloyd Wright, Price
Company Tower,
Bartlesville, Oklahoma,
1955.

Frank Lloyd Wright, Crystal Heights Hotel,
Apartment Towers,
Shops and Theatre for Roy Thurman,
Washington, D.C., 1939.

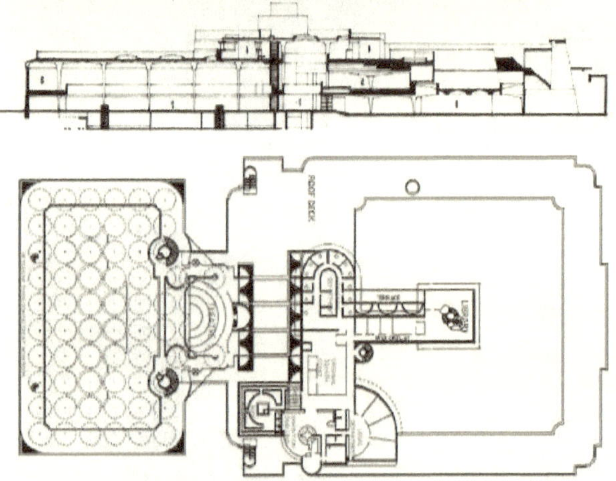

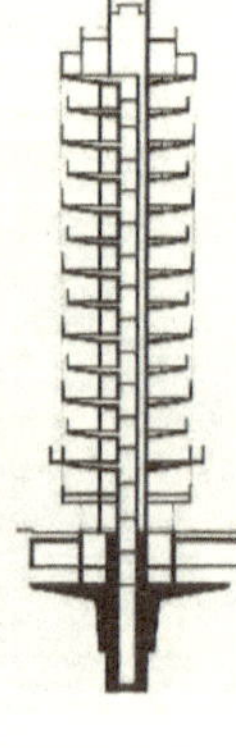

Frank Lloyd
Wright,
Johnson
Wax
Building,
Racine,
Wisconsin,
1936-39.

La ligereza del ornamento

"Material cerámico, madera y sobre todo hierro, metal y zinc han ocupado el puesto de las piedras escuadradas y del mármol, y sería poco conveniente proponiéndolas bajo falsos semblantes. ¡Defiéndase el material por sí mismo y muéstrese sin velos en las formas y en las condiciones que, en base a la ciencia y a la experiencia, se hayan demostrado como más apropiadas para él! En el ladrillo debe verse el ladrillo, en la madera la madera, en el hierro el hierro, cada uno con sus propias leyes estáticas. Esta sí que es la verdadera simplicidad: a ella debemos dedicarnos enteramente, sacrificando nuestro gusto por los ingenuos bordados de la decoración. La madera, el hierro y cualquier otro metal precisan de un revestimiento para defenderse de los continuos ataques de la atmósfera. Obviamente, esta exigencia debe ser satisfecha de modo que represente también un embellecimiento. En vez de un barniz de tinta única se pueden elegir agradables agrupamientos de colores. La policromía se hace natural, necesaria".[57]

Lo escrito por Semper en 1834 abría una vía de investigación que difícilmente habría podido proseguirse con coherencia sin renunciar a esas componentes simbólicas y metafóricas esenciales de su pensamiento. No en vano Adolf Loos define a Semper como aquél que "ha asestado un golpe al corazón de los idealistas".[58]

Para esos arquitectos que, por formación o interés cultural, encontraron en la teoría de Eugène Emmanuel Viollet-Le-Duc una razón fundamental de orientación poética, el revestimiento ya no es expresión de la autonomía de la envoltura, sino que se confronta directamente con la verdad de la estructura, es piel que se adhiere al esqueleto y lo interpreta. Los máximos protagonistas de este tipo de orientación son Louis Henry Sullivan, Hendrik Petrus Berlange y Auguste Perret. Otto Wagner representa, por el contrario (aunque no deja de relacionarse con temáticas procedentes de Viollet-Le-Duc), hasta qué punto era prioritario el semperiano valor simbólico del revestimiento por encima de una más directa correspondencia con la lógica constructiva de la estructuras.

En los Estados Unidos, la arquitectura de los grandes edificios representativos declina, más o menos, a partir de mediados del siglo XIX, las formas del repertorio clasicista académico y adopta las técnicas y los

materiales constructivos nuevos. Cornisas, columnas, arcos, paredes
de almohadillado y otros elementos de la tradición constructiva lapídea
se convierten en formas ornamentales de un revestimiento que enmascara el armazón metálico llegando a la identificación entre *revestimiento*
y *enmascaramiento*. De esta expresión límite de la idea del revestimiento,
que no es ya el estrato visible y precioso de un aparejo murario, sino que
lo enmascara en una problemática de la imitación que resulta compleja
por la presencia simultánea de las naturalezas matéricas profundamente
distintas, de la construcción (la estructura de metal) y del revestimiento (el sillar o el bloque de piedra), son testimonio no sólo las obras de
los arquitectos académicos, sino también las de los iniciadores de la
renovación cultural americana, desde William Le Baron Jenney a Henry
Hobson Richardson. Y, precisamente, dado que el revestir asume connotaciones formales ajenas a las figuras de la tectónica clásica, reducidas
ésas a ornamentos, la reflexión de los arquitectos americanos sobre su
significación no puede prescindir del ornamento. No es casual que los
máximos protagonistas de la Chicago School, John Wellborn Root y
Louis Henry Sullivan, aplicaran su capacidad creativa al *descubrimiento de
un ornamento diferente al clásico*. Ambos asumen como fuentes de inspira-
ción para la cualificación decorativa de las superficies arquitectónicas
ciertos manuales sobre ornamentación en las artes aplicadas, como los
de Owen Jones o Victor-Marie Rubrich-Robert, y confían al ornamento la
capacidad de individualizar, mediante la adopción de motivos derivados
del arte textil, formas de revestimiento que puedan interpretar en términos de ligereza las sutiles estructuras de esqueleto.

Sullivan es quien prosigue la idea de enmascaramiento incardinada en
la arquitectura americana y quien combina, sobre todo, en sus últimas
obras los valores de monumentalidad con el mito del origen textil de la
pared. La aceptación de la herencia clásica en sus valores fundamentales
de jerarquía entre las artes y solidez, correspondientes a la construcción
trilítica –fundamento cultural y teórico de su poética– se abre, a partir de
los años noventa, a una confrontación vital con la aspiración a una ligereza ideal. Arco, pilar o columna son figuras reconfirmadas y acentuadas
en su pujanza para representar el juego de los pesos constructivos o la
fuerza de la pared como masa muraría. Al ornamento del revestimiento,
dotado de una carga simbólica nueva con respecto a la clásica, se le confía la tarea de interpretar la ligereza de las estructuras de esqueleto.

La emblemática de la función

Louis H. Sullivan fue quien, siguiendo los pasos del escultor Horacio Greenough, enunciaba el lema del funcionalismo con su conocida frase "la forma sigue la función".[59] La forma arquitectónica había de supeditarse a la función y esa interpretación de la idea de Sullivan en Europa condujo a una idea de funcionalismo que exigía que se suprimieran los adornos ornamentales de la arquitectura.[60]

El término del vocabulario de la teoría arquitectónica "funcional" viene a sustituir la antigua categoría vitrubiana *utilitas*. La "función" ha constituido el significado de la arquitectura que fue llamada "funcionalista" y se ha volcado en manifestar y hacer explícita la función convirtiéndose así el "funcionalismo" en un lenguaje.

Los arquitectos ya se ocupan de la construcción de viviendas, edificios destinados a la producción y a la actividad económica, equipamientos y edificios utilitarios de todo tipo que hasta casi el siglo XIX no se consideraban campo propio de la arquitectura. La moderna arquitectura funcionalista asumió las *nuevas funciones representativas* que fueron los nuevos hitos tanto del socialismo como del capitalismo. Como nuevos templos que se alzaron a los nuevos dioses y nuevos ritos del poder político y económico, las sedes de grandes empresas, edificios bancarios y centros comerciales, expresaron, a través de la retórica de las formas construidas, su vigencia histórica. Los rascacielos, con sus atractivas siluetas, como las actuales catedrales propagaban el sonido áulico del dinero desde los campanarios en que se han convertido las revistas de arquitectura.

Pero la idea de supeditar la forma a la función está presente en toda la arquitectura, y se podría argumentar que desde las cuevas paleolíticas y los palafitos neolíticos, la forma construida estuvo determinada por la función. Pero hay una seria diferencia entre la funcionalidad que cualquier objeto ha ido adquiriendo en su adaptación al uso y la idea de "funcionalismo" que ha arraigado en ciertos tipos de arquitectura. El término "función" no es mera traducción del término vitrubiano "utilitas", sino un concepto polisémico que presenta un cierto problema de definición. Dicho de otra manera, su significado puede abarcar una pluralidad de facetas, desde el estricto programa de actividades a la función psicológica o simbólica; se puede hablar de función económica, función social, función cultural y, sin ninguna duda, de función representativa.

"Es verdad que 'función' y 'razón' son categorías afines. Parece incuestionable la necesidad de dejarse gobernar por criterios racionales para construir una arquitectura funcional aunque la razón no siempre se ha entendido de la misma manera. Dependiendo del momento histórico o cultural o incluso, de la mentalidad de quien la define, el significado concreto del término varía (...). Pero hacer útil la arquitectura es uno de los objetivos de cualquier mentalidad que pueda denominarse racionalista. Resulta impensable una arquitectura racional que no sea útil".[61]

Como señala Arthur Drexler, la palabra "funcional", en un principio, no significaba nada en especial, pero durante el siglo XX se fue imponiendo para convencer de que la arquitectura utilitaria era *eficiente* y *barata*. Hoy en día, en el discurso arquitectónico también ha quedado obsoleta; ya no constituye un calificativo ni de alabanza ni de reproche.[62]

"Una cierta moral, que previene contra el deleite ocasionado por la contemplación de la belleza, caracteriza, a menudo, las tendencias en las que prima la utilidad por encima de otros valores. Un buen ejemplo de esa mentalidad *austera* en la obra arquitectónica lo ofrecen los *monasterios* de las reglas monásticas. En ellas, la regulación de la vida del monje establece las actividades que se desarrollan en el recinto del monasterio, pero también su simbolismo; unos requisitos ante los cuales la arquitectura responde con una disposición, igualmente funcional y simbólica, que acoge la vida del monasterio cisterciense. En él, una serie de espacios se desarrollan siguiendo criterios precisos".[63]

El origen de la tendencia funcionalista la podríamos fijar en las propuestas que surgieron tras el pavoroso incendio del Hotel-Die de París, en 1772. La construcción de un nuevo hospital para París que sustituyera al destruido inauguró un nuevo tipo de arquitectura cuyo valor se centraba en la pretensión de recoger la *sensibilidad científica* de la época, al dejar de lado criterios historicistas, y responder de manera decidida a problemas de carácter higiénico como la ventilación de las naves o la separación y aislamiento de los pabellones según diferentes enfermedades. Las ideas funcionalistas en las que se apoyaron los arquitectos que participaron en el concurso del nuevo hospital habían empezado a ser difundidas anteriormente en los tratados racionalistas de Carlo Lodoli, Marc-Antoine Laugier y Francesco Milicia.

En la primera mitad del siglo XVIII, las enseñanzas de Carlo Lodoli (1690-1761) –franciscano observante, profesor de filosofía y científico polígrafo, censor de libros de la República de Venecia y poseedor de un ingenio cáustico–, definen un pensamiento de raíz jansenista: el *rigorismo*. Se trataba de reformar moralmente la arquitectura, purificarla, someterla a la razón, y así evitar la elegancia caprichosa. Entre sus objetivos: "la analogía de utilidad y el ornamento sólo pueden derivar de elementos físico-matemáticos y de normas racionales".[64] El recuerdo de Lodoli perdido durante siglos, así como sus escritos teóricos destruidos por la Inquisición, ha sido rescatado para convertir a este "Sócrates arquitecto" en precursor del funcionalismo. Lo cierto es que su celo reformador se ocupaba, ante todo, de hacer útil la arquitectura y se concretaba en resolver apropiadamente problemas de distribución. Sin embargo, en los *Elementi d'Architettura* lodoliana la función no se identifica con utilidad, sino con procesos, del cuerpo –la función digestiva, por ejemplo–, la política, la función pública. Así para Lodoli, no tiene sentido hablar de un objeto funcional. Función se relaciona con *representación*. Representación social, expresión de la categoría, la clase del cliente (...). Y para que la arquitectura represente y sea "legible" ha de ser "verdadera". La repulsión por lo falso conduce a Lodoli a oponerse a la elección y disposición irracionales del ornamento. De hecho no se preocupa tanto por reducir la ornamentación, como hacerla "apropiada y coherente.[65]

Las enseñanzas de Lodoli posteriormente fueron ampliadas y desarrolladas por Eugène-Emmanuel Viollet-le-Duc, Gottfried Semper, Henry Labrouste y Julien Gaudet. Estos criterios hicieron surgir nuevas tipologías edificatorias antes desconocidas en proyectos de Charles-François Viel, Jean-Baptise Le Roy, Antoine Petit, Bernad Poyet o J.-R. Tenon, con plantas de nuevas distribuciones.[66]

"Al alba del siglo XIX, Jean Nicolás Louis Durand considera, en sus lecciones de arquitectura en la napoleónica École Politechnique, la *utilidad* como objetivo supremo de la arquitectura, y la *conveniencia* y la *economía* los medios para satisfacerla.[67] Al relacionar función y economía,

Durand aúna los términos que, un siglo más tarde, los arquitectos de
la Nueva Objetividad convertirían en factores de una fórmula matemática".[68] Durand iba a ser el personaje capaz de sintetizar buena parte
de los problemas tipológicos que se originaron en la primera mitad del
siglo XIX como consecuencia no sólo de la necesidad de nuevos edificios para atender nuevas necesidades anteriormente desconocidas,
sino de los nuevos *criterios anti-historicistas* que encontraron respuestas
compositivas en su *Précis de Leçons d'architecture*. Precisamente en sus
lecciones se señalaba que "si en la composición de edificios no se han
seguido más guías que el prejuicio, el capricho o la rutina, los gastos
que se ocasionan son incalculables".[69] Se instaura así el principio de
economía como un criterio de valoración definidor de la forma arquitectónica, criterio que iba a ser sistemáticamente esgrimido desde entonces en defensa de las construcciones "funcionales". El otro criterio, que
forma pareja en la teoría durandiana con el de la economía, es el de "conveniencia" que rige la distribución, la construcción y la belleza de los
edificios. Pero aunque Durand introdujo el concepto de funcionalidad
en su teoría, iba a ser la corriente funcionalista de la arquitectura la que
acabaría con el concepto académico de la composición. Entre los funcionalistas y los que defendían la idea de una arquitectura basada en la
ornamentación se abriría un debate teórico que pretendía inclinar la teoría de la arquitectura hacia otras posiciones alejadas de las formalistas.

Así que la función a la que, bajo distintos términos a los que se daban
significados relativamente parecidos, se había referido la teoría de la
arquitectura siempre hasta el siglo XX, a partir de entonces consigue
poseer completamente la arquitectura y logra definir una corriente
específica de pensamiento: el funcionalismo. En edificios como la fábrica Van Nelle en Rotterdam, que fue uno de los ejemplos de la fuerza de
esta idea de arquitectura, se ha codificado un *lenguaje* de la arquitectura
funcionalista. La planta libre y la estructura de hormigón, configuraban
una arquitectura acorde con la tecnología y las necesidades organiza-
tivas del trabajo moderno. El trabajo y la producción se vuelven trans-
parentes mientras que "las majestuosas fachadas del edificio de cristal
reluciente y metal gris se alzan (...) frente al cielo".[70] El deseo de utilidad,
economía austeridad, objetividad... como podemos deducir de ese
tipo de ejemplos, en absoluto anula la función comunicativa y representativa de la arquitectura.[71] La afirmación del funcionalismo como

una vía depuradora de los academicismos, que libera la arquitectura de servidumbres formalistas, de las reglas compositivas *Beaux Arts* y de la ornamentación tendría como contrapartida un nuevo lenguaje arquitectónico, que siendo, a la vez, severo y coercitivo sustituía el anterior.

Las vanguardias de la primera mitad del siglo XX convirtieron la función en su lema; desde la romántica arquitectura orgánica de Frank Lloyd Wright al racionalismo clásico de Mies van der Rohe y el expresionismo de Erich Mendelson hasta el monumentalismo de Giuseppe Terragni. El Movimiento Moderno realizó la cruzada purista que iba a condicionar la forma arquitectónica a dos nuevos valores: el espacio y la función. La tradición figurativa iba a ser negada y en su lugar se alzaba una arquitectura abstracta, compuesta de volúmenes puros y monocromos que se agrupaban bajo la luz. La expresión de esta nueva arquitectura no dependía, por lo tanto, de las imágenes formales aunque la imitación de las formas de los barcos y las máquinas sea puesta en evidencia por Le Corbusier.[72] Pues son fácilmente reconocibles no solo en aquellos edificios más carismáticos, sino que las asumirían los elementos más funcionales y maquinistas que pretendiendo hacer alarde a la sinceridad, serían mostrados desnudos, sin recubrimiento con algún apósito decorativo, de tal manera que las formas estructurales fueran características de *la imagen de funcionalidad.*

"Las alusiones de Le Corbusier a la casa como 'máquina de habitar', serían sin embargo, contestadas por Hannes Mayer no para aceptar el axioma, sino para recalcar que no explica las características de la vivienda moderna. Tal vez, Meyer pensaba que la admiración de Le Corbusier por el mundo de las máquinas y de los ingenieros, era más el fruto de la contemplación subjetiva de un espíritu romántico que el producto de la percepción objetiva de una mente racional. Curiosamente el mismo Le Corbusier también acusaba a los arquitectos de la Neue Sachlichkeit de *romanticismo maquinista*".[73]

La identificación de buena parte de la arquitectura del Movimiento Moderno con el funcionalismo provocaría que el ocaso de la arquitectura moderna se encuentre unido a las críticas contra el funcionalismo que desde todos los ámbitos empezaron a realizarse tras la Segunda Guerra Mundial. Alvar Aalto sostenía que para mantener su impulso renovador, la arquitectura moderna debería profundizar en el plano humano y relativizar el poderío de la técnica, protagonista, junto con la economía, de la primera etapa.

Después de la segunda guerra Mundial y la reconstrucción de las ciudades bajo los principios del urbanismo moderno, en el ámbito de la sociología empieza a cuajar una cierta crítica a las consecuencias de la aplicación de la lógica funcionalista. En *The Death and life of Great American Cities*, Jacobs ataca los proyectos de renovación urbana en marcha a mediados del siglo XX en los Estados Unidos y el empobrecimiento que su uniformidad y monotonía comportaba a la diversidad de la vida urbana.[74]

Pero serían los filósofos existencialistas alemanes quienes más rotundamente iban a atacar al funcionalismo moderno, y entre ellos Ernst Bloch arremete contra el funcionalismo arquitectónico con toda nitidez en su libro *Das prinzip Hoffnung*,[75] escrito entre 1938 y 1947, durante el exilio en América. En este libro denuncia la pérdida del simbolismo y la ornamentación en la arquitectura moderna, postula la necesidad de "intentar la producción de un hogar humano" y caricaturiza el funcionalismo al calificarle de "gélido mundo de autómatas en la sociedad de consumo".[76] Este texto de Ernst Bloch no es más que el anuncio de una revisión profunda de los principios arquitectónicos que los propios arquitectos iban a realizar a partir de los años sesenta.

A partir de los sesenta, se produce un cambio del cual Louis Kahn es uno de sus principales artífices. Kahn expresa que "aunque no todos los edificios han de ser funcionales, sí que, en cambio, lo han de ser psicológicamente". A diferencia de Meyer y Aalto que piensan en la psicología del receptor de la arquitectura, Kahn lo hace además, con la del creador cuya espiritualidad se transmite al edificio.

De gran importancia son las conclusiones a las que llega Aldo Rossi en *L'Architettura della città*.[77] Refiriéndose al enunciado científico de la teoría del *zonning* por E.W. Burgess, Rossi afirma que "su debilidad fundamental está en concebir las diversas partes de la ciudad como meras transcripciones de una función y entender ésta de manera tan estrecha que determina toda la ciudad como si no existiese algún otro hecho que tener en consideración. La historia y la memoria, serían algunos de estos hechos a valorar. Pero también la contemplación de la ciudad como obra de arte y como campo de fuerzas muy diversas y no sólo las tecno-económicas. Siempre, eso sí, Rossi acaba interesándose por la forma urbana, por la ciudad como hecho material, como *manufactura* que se produce en el tiempo, "y del tiempo atiene las huellas" terminando por afirmar el valor de la forma arquitectónica y urbana por sí.

En nuestro tiempo se introducen variantes muy diversas en el debate acerca del papel de la función en la arquitectura; se hacen más complejos y precisos algunos programas funcionales; otros optan por la indeterminación, la mutabilidad y la capacidad de alojar simultáneamente actividades diversas, facilitar las mezclas de funciones, los híbridos... apuntando hacia una realidad nueva. Los grandes sistemas técnicos, las redes infraestructurales, los lugares de tránsito, los grandes centros de consumo o de espectáculos constituyen los nuevos tipos arquitectónicos, albergan las nuevas funciones. Las estaciones de trenes de alta velocidad, los aeropuertos, los intercambiadores desempeñan un papel emblemático entre las funciones contemporáneas. El tipo del gran "contenedor" que aloja programas complejos o los grandes conjuntos de edificios como los parques empresariales son los nuevos paradigmas funcionales y los que aportan la nueva imagen de la metrópolis contemporánea. Eurolille, sería un ejemplo de los nuevos tipos funcionales.

La variabilidad de los programas funcionales hoy hace que los mismos presupuestos modernos se planteen bajo la forma de que una función variable implique una forma que también lo sea. Ante el problema de cambio o de indeterminación funcional, el saber del arquitecto genera, entre otras, la respuesta del edificio contenedor, susceptible de adaptarse a las transformaciones que requieren los cambios de necesidades impuestos por el rápido paso del tiempo. Dos condiciones parecen necesarias para configurar este tipo de arquitectura: una, que su forma sea neutra; otra, que organice una red que suministre energía, haga llegar los medios de comunicación y controle ambientalmente cualquiera de sus puntos. También como contenedores se han interpretado naves industriales, mercados centrales, hangares o estaciones de tren; en función de esta interpretación se han reutilizado como museos, centros culturales o teatros. Cabe destacar el tratamiento que hace Gae Aulenti de la Gare d'Orsay, por ejemplo, para convertir una estación ferroviaria de arquitectura académica y estructura metálica en la sede de un museo del Arte del siglo XIX.

Si bien es cierto que los programas de uso tienden hacia una uniformidad en todo el mundo, el deseo posmoderno de poseer una obra original inclina la arquitectura hacia soluciones singulares. Si el estilo internacional pugnaba por una arquitectura universal que eliminase las fronteras, ahora importa destacarse y localizarse. En la competencia entre metrópolis por captar inversiones, por alojar sedes de grandes empresas, la arquitectura no sólo ha de ser un mecanismo eficaz, sino también constituir un logotipo atractivo.

La lógica reductiva del lenguaje funcionalista moderno se ha abandonado. La arquitectura ha de ser comunicativa, con recursos expresivos incluso explícitamente arbitrarios en su configuración final. La nueva arquitectura admite la falsificación, el camuflaje y la ficción frente a los valores de sinceridad y autenticidad que propugnaba la arquitectura funcionalista. Para un funcionalismo ortodoxo, la arquitectura de hoy construye escenarios cuya función comunicativa no consiste precisamente en expresar su utilidad sino que va más allá. Ya no se trata solamente de resolver un programa de uso sino a golpear los sentidos del espectador. "Así que la relación entre función y arquitectura como se hace evidente, no deja de disponerse, como siempre, según distintas acepciones del término: como programa de necesidades de uso, psicológicas y sociales, como expresión de la construcción, o como carácter simbólico-representativo. La función en arquitectura, en un momento histórico como el de hoy no deja de ser imprecisa, pero es impensable que el trabajo del arquitecto, por más que no deba soslayar los problemas funcionales, se vea constreñido por ello".[78]

J.A. Brinkman y L.C. Van der Vlugt,
Fábrica Van Nelle, Roterdam, 1926-30.

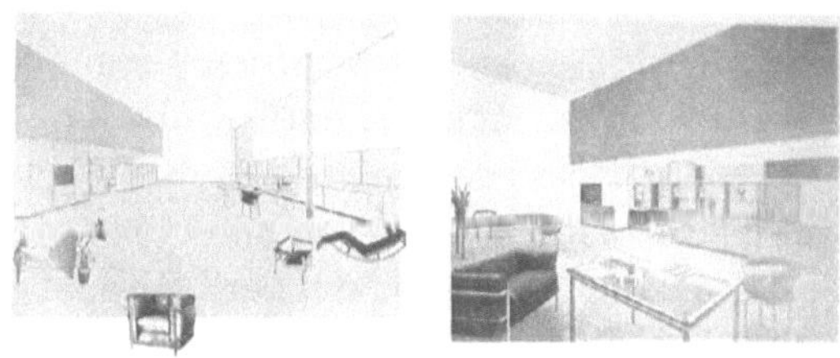

Mobiliario funcionalista.

Louis Khan, Museo Kimbell,
Fort Worth, Texas, 1967-1972.

En la obra de Louis Kahn se recupera la lógica que hace corresponder el carácter de un edificio con una institución –un acuerdo para la intemporalidad–, asignando a la arquitectura la función de contener ese acuerdo, y como oposición a la historicidad contingente. Cada institución se distingue por un deseo intersubjetivo o público de "querer ser". De esta voluntad se deduce un conjunto de reglas de proyecto; *la ontología del material* y su identificación con una necesidad institucional; *la luz* tratada como un material más; la escala y el módulo no como forma de componer sino como forma de establecer relaciones entre arquetipo o inmanencia y el proyecto propiamente; la articulación como clave de la inteligibilidad estructural; la división entre elementos servidos y elementos sirvientes.

Tecnología y expresión. El *high-tech*

Si Louis Kahn, en cualquier de sus edificios, nos enseña qué es una estructura, qué es soportar y al mismo tiempo configurar el espacio, actualmente la tecnología ha desarrollado de tal forma las posibilidades resistentes en cuanto a materiales, disposiciones estructurales y procesos constructivos que cualquier planteamiento arquitectónico innovador o simplemente extravagante tiene solución estructural. Esto nos lleva a que la concepción espacial del edificio se separa de la estructural. La arquitectura actual se caracteriza por utilizar la estructura resistente como elemento expresivo fundamental del edificio. Abandona ya el concepto cuantitativo de la estructura para centrarse en lo cualitativo y expresivo como *leit motive* de un proceder arquitectónico donde prima la apariencia de estructura sobre lo que es la estructura en sí, hasta el punto que configura y determina la arquitectura. La estructura resistente o se trata con enorme exigencia de presencia o pierde totalmente importancia dentro de una configuración espacial singular. La ingeniería ha desarrollado hasta tal extremo las posibilidades resistentes que se puede decir, por primera vez, en toda la historia, las posibilidades resistentes sobrepasan las necesidades de cualquier planteamiento arquitectónico.

Pensemos en las posibilidades con las que los constructores de Santa Sofía contaban para resolver el reto espacial que se habían propuesto. Eran tan justas que tuvieron que hacer un alarde formidable que llamó la atención durante siglos. Este resultado quedó y los siguientes contaron con él. En este sentido, Santa Sofía se convertía en una nueva posibilidad que permitiría enfrentar con seguridad las mezquitas otomanas de los siglos XV y XVI. Pero entre Santa Sofía y la Mezquita Azul habían pasado 1000 años. El procedimiento era el de la prueba y error como única forma de progreso del conocimiento en aquella época y era muy lento.

En época gótica, la presencia del panteón romano resultaba misteriosa. Sus 40 m. de luz era una cifra inalcanzable para constructores que rara vez pasaban de los 15 o 20 m. El panteón no constituía una posibilidad, pues había dejado de ser una experiencia operativa. Carecía de significado para aquella gente asombrada. Su tecnología, es conocimiento de su manera de construir que se había edificado sobre otros parámetros, nuevos y originales que tenían su propio discurrir y que así prosiguieron hasta que en el Renacimiento se encuentran y polarizan.

Para los constructores del Renacimiento, el Barroco y el Neoclásico las posibilidades para construir eran tan limitadas para cualquier planteamiento espacial hasta que en el siglo XIX empezaron a aplicarse los métodos y conocimientos científicos en la construcción. Es entonces cuando las posibilidades que la tecnología ofrecía empezaron a ser mayores que las necesidades que tenían la mayoría de las construcciones. Se pudieron así imaginar y hacer cosas inconcebibles con anterioridad y por tanto crearon, configuraron y arrastraron todos los procesos de intención arquitectónica en la dirección de la tecnología.

Todo el siglo XIX y la primera mitad del XX constituyen la apoteosis de la forma ingenieril asociada en el XIX con el hierro y el acero y en el XX con el acero y el hormigón armado y pretensado. Reducción de peso, depuración de las formas estructurales para conseguir la máxima eficacia resistente y constructiva, desarrollo formidable de los métodos de cálculo. Los logros conseguidos son tan extraordinarios que de los 43 m. del Panteón de Roma que a finales del XVIII seguía siento una de las mayores luces conseguidas, pasamos a los 114 m. de luz de la sala de Máquinas de Contamin (1889) o los 200 m. del Astrodome de Huston de 1968.

Desde el palacio de cristal de Paxton (1851) y la Galería de Máquinas –un gran pórtico triarticuldo de 114 m. que se multiplica a intervalos constantes hasta alcanzar 420 m. de longitud– se multiplican los ejemplos del planteamiento científico e industrial. Asociado a la geometría de las formas –esféricas, cilíndricas, parabólicas, formas antifuniculares, etc.–, el cálculo era muy simple.

Prosiguen los logros con hormigón con fantásticos ejemplos como el primer Frontón Recoletos de Torroja (1935) o los Hangares de Orbetello de Nervi (1944) a base de láminas cilíndricas de hormigón, la primera in situ, la segunda prefabricada, ambas establecen de una manera definitiva, más Recoletos que Orbetello, un procedimiento nuevo de ordenación del material para resistir con el mínimo peso. Los experimentos de Freyssinet con hormigón pretensado para la cobertura de grandes espacios con vigas, pórticos o arcos paralelos que saltan de un lado a otro sin cantos excesivos lleva en la arquitectura fórmulas utilizadas en la cons-

trucción de puentes como los pórticos de patas inclinadas de la basílica
de San Pio X de Lourdes (1956) o la sede de la Unesco de París (1950).

La Feria de Mondreal de 1967 fue toda una feria de revelaciones desde el
pabellón de USA que diseña y construye Buckminster Fuller poniendo
en práctica sus estudios sobre geodésicas, una manera de reproducir
el continuo espacial con elementos lineales que tendría un extraordinario desarrollo en el futuro o las cubiertas colgadas por elementos
puntuales del pabellón alemán de Frei Otto, desarrolladas después en
el estadio olímpico de Munich (1967-71). Una forma estructural a base de
soportes puntuales y tirantes para mantener la forma y dar curvatura a
la cubierta que permitía una gran libertad formal. Las cubiertas colgadas desde la Arena Raleigh de Nowick con soporte continuo los arcos
inclinados o los pabellones de la Olimpiada de Tokio de Kenzo Tange en
1964 fueron para los arquitectos e ingenieros una investigación sobre la
plasticidad añadida que la forma resistente pura ya no satisfacía.

Eero Saarinen diseña entre 1958-63 la terminal de la TWA de Nueva York
utilizando estructura laminar de geometría compleja –no calculable analíticamente en aquel momento– sobre maqueta y no sobre papel. El edificio se modela como una escultura, abandona la geometría pura de las
formas ingenieriles para ceder ante una plasticidad que figura un pájaro
a punto de emprender el vuelo. El arquitecto como un artesano guiado
por la intuición plantea soluciones formales a problemas resistentes
apoyados a veces en la experimentación no cuantificada. Félix Candela
desarrolló un abanico de posibilidades de paraboloides hiperbólicos
contando con una cualificada mano de obra en México y fue seguido por
Piano y Calatrava, entre otros, que hacen maquetas de formas resistentes como lo hacía Gaudí. Para ellos es lo mismo diseñar una escultura
que un mueble, un automóvil, un palacio de deportes, un puente o un
rascacielos. Todos son tratados como objetos sin escala que la tecnología actual con sus enormes posibilidades permite hacerlos realidad.
Por el contario, para los ingenieros, el problema es que el tamaño es
consustancial a la esencia del problema. Pero como dice Manterola,
"el ingeniero huye de la totalidad, aborrece la manera de pensar que
parte del principio de que si no se comprende todo, no se puede explicar nada. Es la ambición totalitaria del pensamiento salvaje, según Levi
Strauss, el primer síntoma de un cambio producido por los arquitectos

en la búsqueda de una expresión plástica personal. Y "son las épocas más creativas, aquellas las de los cambio, cuando las esencias se encuentran, se vehiculan a través de lo instrumental y lo aparentemente secundario".[79]

Para proyectar y para interpretar la arquitectura, los procesos de la génesis de la forma arquitectónica se han entendido como procesos en los que se integran los materiales, los sistemas constructivos, el espacio, los usos y la función que solidariamente contribuyen a definir el lenguaje y el significado de la arquitectura. Entender, por otro lado, la arquitectura como proceso histórico implica también atender aquellos momentos de inflexión marcados por cambios e innovación técnica. Desde la revolución técnica del siglo XIX, la dimensión técnica adquiere un papel muy relevante en la totalidad arquitectónica, hasta el punto de constituir la totalidad. Mientras, los sistemas constructivos del pasado, eran relativamente sencillos y subordinados –la construcción no fue un medio suficiente para crear el orden arquitectónico–, los nuevos sistemas generan el orden, el mito de la nueva arquitectura.

Si la pretensión de la modernidad fue integrar la cultura en la industria y someter la forma arquitectónica a los procedimientos de la producción industrial con una aspiración a valores como la objetividad y la racionalidad, esta visión ha ido superándose por los fines propios de la tecnología. Si la racionalidad tecnológica se instituye históricamente como una retroalimentación continua de métodos, ciencias y acciones, se explica en términos de división del trabajo y la especificidad creciente del saber tecnológico, los fines a alcanzar se redefinen actualmente.[80] La premisa de que "la técnica es neutral" ha dejado hace mucho de tener vigencia y adquiere un grado extremo la aplicación de sus propias leyes en la civilización contemporánea. La técnica despojada de contenidos de cultura y memoria es temida por Adorno como una "fuerza homicida".[81] "El pensamiento tecnicista, resultado del positivismo inglés con la reducción del factor humano en valor estadístico, la alineación del ser al sistema productivo y la desvirtuación de la obra en artefacto técnico, y mero icono robotizan su conciencia y rompen su equilibrio con la naturaleza".[82]

Asistimos a un desarrollo de la tecnología que avanza cada vez más en la imposición de sistemas de controles de y sobre los sujetos, como consecuencia de la regulación impuesta por los problemas causados por la propia tecnología. Hasta el punto en que la tecnología debe inventar los sistemas correctivos –una segunda tecnología– de aquellos problemas que inflige a la sociedad. Esta tendencia históricamente irresistible a la autonomía de la tecnología y a su infinita capacidad de resolver problemas que suscita indirectamente, con nueva tecnología, tiene varios efectos frente al proyecto de la arquitectura entre los cuales cabe destacar: la tendencia a la cada vez mayor fragmentación de su concepción, la investigación, la experimentación y la innovación sin límite de soluciones específicas a problemas específicos. Pero, por otro lado, asistimos a la normalización y la estandarización de componentes y procedimientos a la vez que aumentan los mecanismos de control del riesgo y de la seguridad.

Un ejemplo ya canónico de la tendencia creciente hacia la autonomía de la tecnología respecto a los sujetos que deberían aplicarla o servirse de ella, está dado por los dispositivos denominados de inteligencia artificial o llamados objetos TTT (things that think). Este paradigma propone varias perspectivas de redefinición de las lógicas proyectuales de dominante tecnológica. La principal sería la que define la arquitectura como un repertorio de prestaciones técnicas haciendo desaparecer la unidad de las exigencias vitruvianas del proyecto: *firmitas, venustas, utilitas*. La consecuencia de eso, es la fragmentación del proceso proyectual, en microsoluciones específicas para cada problema de proyecto: un adhesivo de alta capacidad para formar superficies alabeadas complejas, un regulador de freno de un ascensor de alta velocidad, un holograma que pueda sustituir ilusoriamente un muro de fachada, etc. Desde este punto de vista, asistimos al fin del modelo brunelleschiano de control centralizado del proyecto y su eventual disgregación en una multiplicidad de factores externos casi equivalentes a los gremios medievales. Desde esta perspectiva el contenido de innovación y verdad del proyecto queda supeditado a una confluencia coyuntural de expertos en soluciones de problemas determinados: es el papel que tienen, por ejemplo, el consultor tecnológico Ian Ritchie, la experta en luminotecnia Helen Searing o el ingeniero Ove Arup dentro de obras atribuidas a autores que como Foster, Rogers, Grimshaw-Farell, Piano o Von Sprelsken, beneficiarios sustanciales de una creatividad fragmentada y especializada.

La arquitectura históricamente había sido concebida como metáfora del mundo natural –los organismos– o del mundo artificial –la máquina–. Wright concebía la arquitectura según un modelo mecánico que giraba en torno a la centralidad del fuego mientras que Le Corbusier pretendía la regulación orgánica de la arquitectura respecto a la luz y la energía solar. Esta diferencia entre la concepción de Wright y Le Corbusier y el mayor adelanto técnico del primero –vista su temprana utilización de principios de aire acondicionado en algunas casas de Oak Park y en el edificio Larkin–, desaparece en cuando que ambos mantienen posturas semejantes ante el determinismo biotécnico o la confianza en la posibilidad de una arquitectura resuelta según el modelo taylorista como se demuestra en los modelos que uno y otro proponen (casas usonianas, casas Domino). De estas aproximaciones derivaron líneas proyectuales que en unos casos desarrollan la noción de la técnica en su autonomía y fines propios dentro del proceso arquitectónico y en otros conciben la estetización de la técnica que desemboca en el discurso *high-tech*.

Por lo contrario de lo que podría suponerse, la alta tecnología –el llamado *high-tech*– no debe entenderse como culminación de la racionalidad tecnológica sino más bien al revés: lo *high-tech* expresa un sentido iconográfico y retórico más que un grado superlativo de racionalidad técnica.[83] El adjetivo *high* que también se usa en la moda (alta costura), en el deporte (alta competición) y ahora también en el mundo empresarial (alta competitividad), en las prestaciones técnicas (alta fidelidad en un equipo musical), funciona como criterio de diferenciación del posicionamiento habitualmente comercial de una marca. El *high-tech* arquitectónico denota su unicidad y exclusividad, su imposible reproductibilidad y emulación. Por ello cabe distinguir con precisión, esa lógica de la lógica constructiva a la que se opone en cuanto, por ejemplo, el consumo de energía o el uso no convencional de materiales como las aleaciones aeronáuticas o el vidrio estructural, etc.

Muchas de las llamadas estructuras high tech insisten en parecer necesarias cuando son sólo pura apariencia. En la construcción del Centro Pombidou de Rogers y Piano, por ejemplo, fue desorbitada la subida de costes que supuso la fabricación de piezas de fundición en Gran Bretaña; piezas que después debieron revestirse de compuestos ignífugos de base asbesto-cemento y después otra vez enchaparse en lámina de

acero para recuperar su apariencia metálica. Todo eso muestra la lógica
de que todo puede hacerse por razones de imagen, a cualquier coste y
tiempo. El londinense edificio Lloyd's de R. Rogers también resulta de
más que discutible racionalidad. La multiplicación de *performances*, su
alta fragmentación en elementos con la proliferación de torres autó-
nomas de servicios, aparecen como pseudosoluciones de pseudopro-
blemas formulados en el proyecto y a modo de garantizar una supuesta
anticonvencionalidad funcional en altas prestaciones.

Efectivamente la alta tecnología con la concurrencia de expertos tecnológicos cualificados, es un hecho que está modificando las estrategias
de proyecto y propiciando todo tipo de invenciones formales como, por
ejemplo, la torre sin fin de Nouvel en la Defense de París con su remate
de vidrio que sugiere su fundición en el cielo o su péndulo central para
autorregular el pandeo.[84] Gehry, Eisenman, Lebeskind,... entre otros han
tratado de subvertir completamente el orden arquitectónico tradicional.
La subversión de los sistemas o la deconstrucción –que Derrida ha con-
ferido notable importancia en cuanto forma de cuestionar las propias
estructuras institucionales y sus procesos de legitimación, validación
y jerarquización– opera sobre los parámetros básicos en que se ha
fundado la arquitectura de todos los tiempos. Si el lenguaje arquitectónico establecía que lo resistente se configura a partir de lo vertical
y lo horizontal, la simetría, el plano, la bóveda, la cúpula, el pilar, etc.,
ahora desaparece el problema de lo vertical asociado a lo que sostiene,
la pared se puede inclinar, alabear, convertirse en techo. Suelo, techo,
pared ya no tienen que ser elementos diferentes. Es una decisión de
configuración espacial. El conocimiento resistente da posibilidades, no
fija configuraciones.

Gehry en Guggenheim de Bilbao simplemente hace el trabajo de un for-
malizador liberado de las contingencias técnicas y sociales urdiendo un
universo formal propio, escultórico que se separa del espacio habitable.

De una manera elemental sus formas se resuelven con paredes forma-
das de elementos triangulares, los cuales tienen además una consistente rigidez fuera del plano y por tanto son capaces de tener cualquier
forma y que serán recubiertos sin más exteriormente con chapas de
titanio e interiormente con escayola o cristal.

Es sorprendente el hecho de que algunas obras de Miralles –los palacios de deportes de Huesca y Alicante– esconden la estructura principal mostrando hacia el exterior una estructura secundaria con una voluntad de producir una situación inquietante, de inseguridad, de inestabilidad, de extrañamiento... Un espectacular voladizo del edificio de Gas de Barcelona hace posible poner en horizontal un bloque que como decía Manterola, debería ser vertical. Son nuevos conceptos estructurales las grandes ménsulas que Zaha Hadid proyectó para el centro de Ciencia de Wolfsburg, el pliegue una estructura tan querida por Zaha Hadid –ver pabellón de expo de Zaragoza– o los poliedros como el Max Reinhardt Haus de P. Eisenman –configurado en función de una banda de Moebius como una superficie que no tiene fin– o los cilindros sinuosos de Calatrava para Valencia e Hito para Barcelona o las estucturas arborescentes de Toyo Hito.

Los caparazones y las formas blandas tan de moda no mantienen correspondencia con estructura que los soporta. Renzo Piano en el Auditorio Capitale de Roma utiliza una estructura tradicional de cerchas de madera con triangulación y tirantes metálicos apoyados sobre columnas verticales. Para conseguir la forma del poderoso caparazón de animal prehistórico acude a una clásica estructura metálica de tubos atirantados. Las formas blandas carentes de aristas del Centro Acuático de Londres de Zaha Hadid propuesto para la Olimpiada están apoyadas en celosías espaciales, una tipología estructural común que desarrolla capacidad de resistencia por forma, resulta ideal para todas las estructuras libres y tiene respuesta estructural perfectamente definida y utilísima que los modernos métodos computacionales abordan sin ningún problema.

Sin duda, los edificios en altura siguen siendo los edificios más ambiciosos aunque en los últimos treinta años no ha ocurrido nada desde el punto de vista resistente básico como afirma Manterola. Los mismos materiales resistentes solo han evolucionado en su capacidad resistente que es mucho más alta. La torre del milenio de Foster de 840 m. de altura adopta la solución clásica de conexión de la estructura de la piel con el núcleo central a través de las losas de los pisos para obtener una gran rigidez. El típico rascacielos eficaz que será el mayor edificio del mundo carece de interés. Incluso las formas pseudo-aerodinámicas de

Swiss Re de Foster en Londres y la Torre Agbar de Nouvel en Barcelona
que teóricamente reducen el coeficiente de arrastre del viento, como
se observa, ninguna de las dos tiene mucha altura –180 m. y 135 m.– y
ambas han acudido a una estructura resistente de piel exterior. Con
los problemas resistentes y funcionales –asociados básicamente a la
comunicación vertical– ya resueltos, al edificio en altura no le queda
sino experimentar con la forma exterior. Para la piel sí han aparecido
materiales nuevos de escasa utilización como materiales que aíslan
con el mismo principio que los termos, o cristales fosforescentes que
absorben la luz del día y sueltan por la noche, o el litracon que se parece al cristal y que aísla mejor que la lana mineral, etc.

En raras ocasiones la utilización de materiales inusuales para la
estructura sorprende, caso de la obra de papel de Shigera Ban en su
pabellón de Japón en la Feria de Hannover (2000). La estructura por-
tante son tubos de papel de 12 cm. de diámetro y 22 mm. de espesor
hechos de capas de papel de desecho saturadas con cola. La arquitectura hoy efectivamente tiene una enorme cantidad de tecnología
–estructura, instalaciones, piel, comunicaciones verticales– que la
enfrenta con la ciencia y por lo contrario pertenece también al mundo
de lo objetivable. El énfasis extraordinario hoy día se da en la aplicación de la alta tecnología para lograr una determinada apariencia; en
el diseño de fachadas y envolventes procurando nuevas soluciones al
problema de articulación entre estructura y cerramiento. La conjunción de la alta tecnología y de las necesidades retórico-publicistas
del edifico hoy, sin duda, resulta muy compleja y llega a identificarse
con la lógica comunicacional de la arquitectura. No ha de extrañar el
interés de Jean Nouvel, por ejemplo, por los envases o envoltorios de
los productos de consumo habitualmente saturados de signos tipográ-
ficos y por la intensificación de la seducción. La lógica "tecnológica"
del proyecto y la percepción sensorial de la arquitectura hoy se vincu-
lan a gran escala con las técnicas de la comunicación más afines a la
publicidad de las mercancías de gran consumo.

Eduardo Torroja y Secundino Zuazo,
Frontón Recoletos, Madrid, 1935.

Pier Luigi Nervi
Hangares de Orbetello
para el Ejército del Aire italiano,
1936-1940.
Lámina de hormigón prefabricada.

Eugène Freyssinet
Hangar del
aeropuerto de
Orly, 1920.
Arcos de
hormigón
pretensado,
80 m. de luz.

Félix Candela, Capilla en Lomas de Cuernavaca, Morelos, 1958-59
Almacenes Río, Lindavista, México, 1954.

Félix Candela,
Iglesia de la Virgen
Milagrosa, Narvarte,
México DF, 1955.
Iglesia de San José
Obrero, Monterey,
1959-60.

Eero Saarinen, Terminal de
la TWA, aeropuerto Kennedy
de Nueva York, 1953-63.

Matthew Nowicki, Arena Raleigh,
Carolina del Norte, 1953.

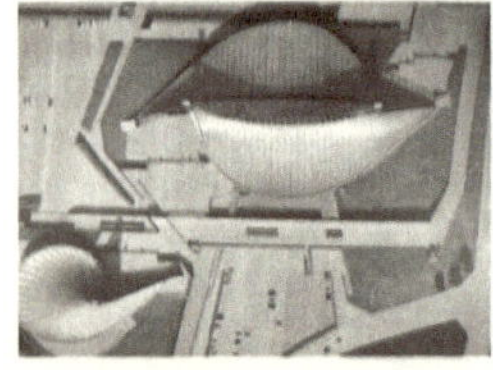

Kenzo Tange, Pabellón
y Piscina Olímpica,
Tokio ,1964.

G. Behnish, Frei Otto,
Estadio Olímpico de
Munich, 1972.

Buckminster Fuller,
Pabellón USA para la Expo de
Montreal, 1967.

Renzo Piano, Richard Rogers
y Gianfranco Franchini,
Centro Georges Pompidou,
París 1977.

Richard Rogers,
Edificio Lloyds, Londres, 1984.

EMBT: Miralles-Tagliabue y Julio
Martínez Calzón (ingeniero)
Nueva Sede de Gas Natural,
Barcelona, 1999-2006.

Toyo Ito,
Edificio Tod's, Omotesando,
Tokio, 2002-04.
Mediateca de Sendai, 1995-2001.

Peter Eisenman,
Max Reinhadt Haus,
para Berlin 1990-92.

Toyo Ito, Torres Fira Barcelona, 2002.

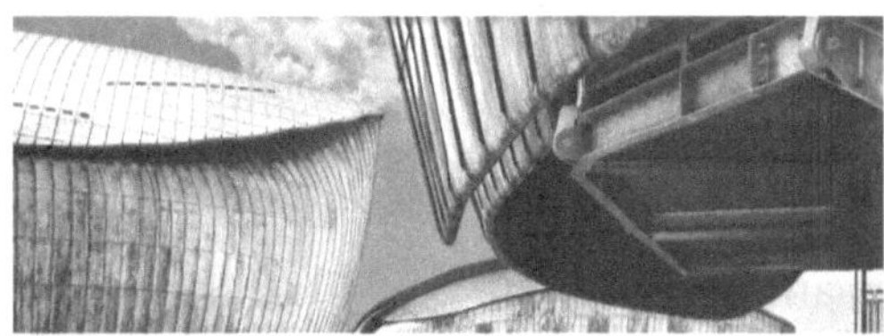

Renzo Piano, Auditorio Capitale de Roma, 2002.

Zaha Hadid, Centro Acuático Olímpico de Londres, 2012.

Hacia una nueva cultura tectónica

Para fundamentar aspectos de la crítica arquitectónica a finales del siglo XX, Kenneth Frampton en *Studies in Tectonic Culture*,[85] retoma precisamente las ideas de Gottfried Semper. Frampton ya desde 1984 en *Regionalismo crítico: arquitectura moderna e identidad cultural*[86] aludía a unas "inflexiones regionalistas" de la arquitectura que confrontadas con la civilización universal y la cultura mundial son expresiones de la tensión en relación al tiempo y el lugar. "Cómo llegar a ser moderno y regresar a las fuentes; cómo revivir una antigua y dormida civilización y tomar parte de la civilización universal",[87] se preguntaba Frampton. "Hoy la práctica de la arquitectura parece estar cada vez más polarizada entre, por un lado, un enfoque de la llamada 'alta tecnología', basado exclusivamente en la producción, y por otro lado, la provisión de una 'fachada compensatoria' para cubrir las asperas realidades del sistema universal".[88] Frampton dirige su crítica por un lado, al llamado *High-tech*, por sus reduccionismos a la pura expresión dejando de lado otros factores ontológicos de la arquitectura y por otro, los historicismos de "presencias ausentes" del llamado Posmodernismo, que identifica con la arquitectura escenográfica.

Para Frampton el *nudo textil* semperiano representa *la articulación tectónica* en el sentido de conciliar dos estructuras diferentes entre sí y es donde se encuentra precisamente la poética de la construcción, es decir, no en la preocupación constructiva y estructural únicamente, como sucede con el *High-tech*, ni el lirismo de la recuperación nostálgica de las formas del pasado, como sucede con el Posmodernismo. Ni absoluta construcción (ontología) ni absoluta representación. "Lo tectónico se encuentra suspendido entre lo ontológico y lo representacional"[89] términos tomados de Bötticher,[90] de sus conceptos *Kernform* y *Kunstform* y que posteriormente Semper interpretó como *técnico-estructural* y *simbólico-estructural*.

Otro tipo de ontología que distinguiría Frampton –en cuanto a las formas constructivas según los procedimientos materiales–, sería: lo "estereotómico" como apilamiento de partes de una masa que trabaja a compresión, relacionado con la terrenalidad, lo telúrico, la oscuridad y lo "tectónico", como conjunción de varios elementos, relacionado con la tensión, la ligereza, la inmaterialidad y la luz. La construcción se define entre estos dos polos y el nudo semperiano aparece de nuevo como elemento primordial de unión entre ambos expresando la transición de lo estereotómico a lo tectónico, la "articulación" que constituye la esencia de la arquitectura.

Frampton entiende el espacio/lugar precisamente delimitado, concreta y claramente definido por sus límites ya que el límite no es eso en lo que algo se detiene, sino aquello a partir de lo cual se hace presente".[91] La definición de su límite será la precondición de una "arquitectura de resistencia" como definición de lugar. El lugar consustancial de la arquitectura se relaciona directamente con la tierra, el segundo elemento semperiano, o sea la materia frente al concepto apriorístico del espacio. Semper reconocía el origen del lenguaje formal de la arquitectura en las artes y oficios. Las características formales de la obra dependen de la forma que se moldean los materiales en función de un concepto inicial. Para Frampton esta materialidad y el proceso de su modelación son igualmente importantes porque a eso se basa la transformación de la realidad y no solamente la pura invención de una forma,[92] por esto ligada a la realidad, en un espacio-lugar, por medio de su construcción. Así la materialidad y la construcción como fundamentos arquitectónicos resisten y se confrontan al espacio abstracto concebido por la civilización universal. La arquitectura tiene connotaciones antropológicas y etnográficas que Frampton adjudica a la tectónica, la tactilidad frente a la visualidad, la experiencia directa, cercana, que se confronta con la tendencia de la civilización contemporánea de sustituir la experiencia por la información. Se trata de la misma valoración de lo táctil que iniciaba Semper en su derivación artesanal de los cuatro elementos de la arquitectura explicando que es el tercero, la envolvente, en la que se desarrolla el oficio de aquel que separa el espacio por medio del tejido manual, siendo el nudo textil el detalle táctil que acerca y donde se condensa la totalidad simbólica y ontológica de la construcción arquitectónica.

Semper comparaba la arquitectura con la música y la danza que no son artes representacionales, es decir, no hacen referencia directa a las formas de la naturaleza, son artes ontológicas y con eso pretendía una regeneración de la arquitectura volviendo a sus orígenes ontológicos. En este sentido, Frampton pretende lo mismo, dentro, claro está, de otras circunstancias, centrando su argumentación teórica en los aspectos constructivo y estructural de la arquitectura. El deseo de romper con cauces de valoraciones arquitectónicas inmediatamente anteriores tanto en Semper como en Frampton hace que uno se desliga de la composición académica asumiendo "el hogar como el primero y el más importante elemento moral de la arquitectura"[93] desmarcándose así de la eterna tríada vitruviana y afirmando que es la envolvente de origen textil la verdadera creadora de espacio; el otro rompe con la idea moderna de espacio abstracto y acepta el espacio en su materialidad construida. Opone así su "arquitectura de resistencia" a la interpretación espacial de la arquitectura establecida desde Smarshow a Giedion (*Space, Time and Architecture*, 1941) y en el texto de Cornelius Van de Ven (*Space in Architecture*, 1978). De la relectura de Semper se deriva no la espacialidad de la arquitectura sino su materialidad constructiva y entre Shmarsow y Semper aparece un nuevo enfoque, el de la poética de la construcción.

NOTAS

1 Semper, G., *Die Vier Elemente der Baunkunst. Ein Beitrag zur vergleeichennden Baukunde*, 1851. Se reproduce en Giovanni Fanelli y Roberto Gargiani, *El principio del revestimiento*, Akal, Madrid, 1999, pp. 6-7.

2 Gottfried Semper (1803-1879) fue unos de los arquitectos alemanes más significativos de mediados del siglo XIX, gran exponente de la repercusión positivista sobre la concepción del arte y de su evolución histórica que pone el acento sobre su aspecto técnico. Semper que fue arquitecto teatral de Richard Wagner en la Viena de la segunda mitad del siglo XIX, relaciona su práctica arquitectónica con la museística, las ciencias naturales y la técnica, todos ellos ámbitos positivistas. El interés por el aspecto técnico fue una de las constantes en la reflexión sobre el arte desde mediados del siglo XIX, que pone en relación la obra teórica de Semper con Viollet-Le-Duc. Los escritos de Semper: (1851), *Die vier Elemente der Baukunst* (Los cuatro elementos de la arquitectura) y (1960-63), *Der Stil in den technischen und tektonischen Künsten, oder praktische Aesthetik* (El estilo de las artes técnicas y tectónicas) no se encuentran traducidas en castellano, aunque existen traducciones de algunos capítulos ('Elementos básicos de la arquitectura', 'Atributos de la belleza formal', 'Ciencia, industria y arte' y 'Prolegomena', en los anexos del libro de Juan Miguel Hernández de León, (1990) *La casa de un solo muro*, Nerea, Madrid.

3 Augé, Marc, *Los no lugares. Espacios del anonimato. Una antropología de la sobremodernidad.* Ed. Gedisa, Barcelona, 1994, pp. 42-45.

4 *Ibid.*, p. 43.

5 Citado en Augé, *op. cit.*, p. 30.

6 Mauss, Marcel, *Sociologie et anthropologie*, PUF, 1966.

7 Focillon, Henry, *Elogio de la mano*, Xarait, Madrid, 1983.

8 Pallasmaa, Juhani (2005). *Los ojos de la piel. La arquitectura y los sentidos*, Gustavo Gili. Barcelona, 2008.

9 Gibson, James, *The Senses considered as Perceptual Systems*, Houghton Mifflin, Boston, 1966.

10 Manzini, Ezio, *Artefactos, Hacia una ecología del ambiente artificial*, Ed. Celeste Ediciones y Experimenta Ediciones de Diseño. Madrid, 1992.

11 Pallasmaa, *op. cit.*

12 Eliade, Mircea (1954), *El mito del eterno retorno*, Alianza Editorial, Madrid, 1972.

13 Harvey, David (1990), *La condición de la posmodernidad. Investigación sobre los orígenes del cambio cultural*, Amorrurtu, Buenos Aires, 1998.

[14] Bloomer, Kent C., Moore, Charles W., *Cuerpo, memoria y arquitectura: introducción al diseño arquitectónico*, H. Blume, Madrid, 1982.

[15] Sontag, Susan (1973), *Sobre la fotografía*, Edhasa, Barcelona, 1981.

[16] Benjamin, Walter (1936), "La obra de arte en la época de la reproductibilidad técnica", en *Discursos interrumpidos*, Taurus, Madrid, 1973.

[17] Pallasmaa, *op. cit.*, p. 30.

[18] Aalto, Alvar (1955), "Arte y técnica", en Schildt, Göran (ed.), *Alvar Aalto. De palabra y por escrito*, El Croquis Editorial, Escorial, 2000.

[19] Pallasmaa, J., *op. cit.*, p. 30.

[20] Rasmussen, Steen Eiler (1959), *La experiencia de la arquitectura: sobre la percepción de nuestro entorno*, Mairea/Celeste Ediciones, Madrid, 2000.

[21] Pallasmaa, J., *op. cit.*, p. 18-19.

[22] Levin, David Michael, (1993) "Decline and fall-Ocularcentrism in Heidegger's reading of the history of metaphysic", en Levin, D. M. (ed), *Modernity and hegemony of the vision*, University of California Press, Berkeley, Los Angeles, p. 212, citado en Pallasmaa, *op. cit.*

[23] Sartre, Jean-Paul, *Crítica de la razón dialéctica*, Losada, Buenos Aires, 1970.

[24] Merleau-Ponty, Maurice (1964), *Lo visible y lo invisible*, Seix Barral, Barcelona, 1970.

[25] Merleau-Ponty, M., *Sentido y sinsentido*, Península, Barcelona,1977.

[26] Heidegger, Martin, "La pregunta por la técnica", en *Conferencias y artículos*. Ed. del Serbal, Barcelona, 1994.

[27] Harvey, D., *op. cit.*

[28] *Ibíd.*

[29] Bachelard, Gaston (1957), *La poética del espacio*, Fondo de Cultura Económica, Madrid, 1975.

[30] Arnheim, Rudolf, *El pensamiento visual*, Paidós, Barcelona, 1986.

[31] Mantzou, Polyxeni, "Proyectar en la era del código digital", Actas *XII Congreso Internacional de Expresión Gráfica Arquitectónica*, Madrid, 2008.

[32] McLuhan, Marshall (1963), *La galaxia Gutenberg*, Círculo de Lectores, Barcelona, 1993.

[33] Deleuze, Gilles, *Pintura. El concepto de diagrama*, Ed. Cactus, Buenos Aires, 2007, p. 124.

[34] Deleuze, *op. cit.*, p. 138.

[35] Bloomer, Kent C., Moore, Charles W., *op. cit.*

[36] Platón, *República*, Gredos, Madrid, 1986, 1993(3) 260a-292c.

[37] García Bacca, J.D., *La poética de Aristóteles*, Edimusa, México, 1989, pp. 20-21.

[38] Aristóteles, *Ética a Nicómaco*, Gredos, Madrid, 1985, VI-4:1140ª.

[39] Kant, I., *Crítica del juicio*, (1790), Espasa Calpe, Madrid, 1977, p. 44.

[40] Gropius, Walter *et al., The architects Collaborative*, Teufen, 1966.

[41] Vitruvio, *Los diez libros de la arquitectura*, I,1, Alianza, Madrid, 1995.

[42] Alberti, Leon Battista, *De re aedificatoria*. Florencia, 1485. Versión castellana, Madrid 1582. Ed. Fascímil Albatros, Valencia, 1977.

[43] Monestiroli, Antonio, "La metopa y el triglifo", *Astrágalo* 3, sepiembre 1995.

[44] Quaroni, L., *Proyectar un edificio. Ocho lecciones de arquitectura*, Xarait Ediciones, Madrid, 1980, p. 18.

[45] *Op. cit.*, p.18-21.

[46] *Op. cit.*, p. 21-22.

[47] Norber-Schulz, Christian, *Intentions in Architecture*, MIT Press, Cambridge, Massachusetts, 1965, ve. Ed. Gustavo Gili, 1979, p.105.

[48] *Op. cit.*, p. 104.

[49] Nervi, P. L., *Scienza e arte de construire*, Roma, 1954.

[50] Semper, G., *Der Vier Elemente*.

[51] Semper, G., *Der Stil*.

[52] Fanelli, G. y Gargiani, R., *op. cit.*, p. 10, remiten a autores y obras de manifiesta influencia de Semper.

[53] G. Fanelli y R. Gargiani, *op. cit.*, p. 16.

[54] Loos, A. "Das Prinzip der Bekleidung"

[55] Rowe, Colin, "La Estucura de Chicago", en *Manerismo y arquitectura moderna y otros ensayos*, G. Gili, Barcelona, 1978, p. 91 y ss.

[56] Schuyler, M. "A critique of Works of Adler y Sullivan," en *Architectural Record*, 1895, citado por Rowe, *op. cit.*

[57] Semper, G., *Vorläufige Bemerkungen über bemalte Architectur und Plastik bei den Alten*, 1834, citado en Fanelli, G. y Gargiani, R. *op. cit.*, p. 17.

[58] Loos, A. "Glas und Tun", citado en G.Fanelli y R.Gargiani, *op. cit.*, p. 17.

[59] Sullivan, L. "The Tall Oficce Building, Artistically Considered", *Lippincott's Magazine*, n° 57, marzo 1896, pp. 403-409.

[60] De Zurko, Edward R., *La teoría del funcionalismo en arquitectura*, Ediciones Nueva Visión, Buenos Aires, 1970 (1ª ed. en inglés 1957). R. Banham, *Teoría y diseño arquitectónico en la Era de la Máquina*, Ediciones Nueva Visión, Buenos Aires, 1977 (1ª ed. en inglés 1957).

[61] Ramón, A. "Función", en I. De Solá-Morales, M. Llorente, J. M. Montaner, A. Ramón, J. Olivares, *Introducción a la arquitectura*, ETSAB, Ed. UPC, Barcelona, 2001, pp. 109-110.

[62] Drexler, A. *Transformaciones en arquitectura moderna*, G. Gili, Barcelona 1981, pp. 4-5.

[63] Ramón, A., *op. cit.*, p. 112.

[64] La frase es de Andrea Memmo, discípulo de Lodoli que en los *Elementi d'Architettura lodoliana*, editados en 1833, intenta transmitir las enseñanzas recibidas del maestro. Citado por Joseph Rykwert, *Los primeros modernos. Los arquitectos del siglo XVIII*, Gustavo Gili, Barcelona, 1982, p. 244; v.o. 1980.

[65] Ramón, A. *op. cit.*, pp. 112-113.

[66] Véase N. Pevsner, *Historia de las tipologías arquitectónicas*, Gustavo Gili, Barcelona, 1979, p. 171 y ss.

[67] Durand, J.N.L., *Compendio de lecciones de arquitectura. Parte gráfica de los cursos de arquitectura*, Pronaos, Madrid, 1981 (1817-1821).

[68] Ramón, A. *op. cit.*, p. 113.

[69] Durand, J.N.L. *op. cit.*, p. 7.

[70] Comentario de Le Corbusier citado por Kenneth Frampton en *Historia crítica de la arquitectura moderna* (1980), G. Gili, Barcelona, 1981, p. 136.

[71] A. Ramón, *op. cit.*, pp. 114-116.

[72] Le Corbusier, *Hacia una arquitectura* (1923), Poseidón, Barcelona, 1978.

[73] Ramón, A., *op. cit.*, p.116.

[74] Jacobs, Jane, *Muerte y vida de las grandes ciudades* (1961), Península, Madrid, 1967.

[75] Bloch, Ernst, *El principio esperanza (1954-1959)* (3 vols.), Aguilar, Madrid, 1977-1980.

[76] Citado por Kruft, H.W., *Historia de la teoría de la arquitectura*, Alianza, Ed. Madrid, 1990, vol. 2, p. 741.

[77] Rossi, Aldo, *La arquitectura de la ciudad* (1966), G.Gili, Barcelona, 1976.

[78] Ramón, A. *op. cit.*, pp. 122-125.

[79] Manterola Armisen, Javier, "La estructura resistente en la arquitectura actual", *Informes de la construcción*, vol. 456-457, 1998, p. 17.

[80] Llorente, Marta, "Técnica", en I. De Solá-Morales, M. Llorente, J. M. Montaner, A. Ramón, J. Olivares, *Introducción a la arquitectura*, ETSAB, Ed. UPC, Barcelona, 2001, pp. 29-57.

[81] Adorno, T. W., *Teoría Estética*, Taurus, Madrid, 1992.

[82] Fernández Alba, Antonio, discurso de su ingreso en la Academia de Bellas Artes de San Fernando, p. 21.

[83] Paricio, Ignacio, "Arquitectura high tech. Entre la alta costura y la alta competición", en *Arquitectura Viva* 4, Madrid, 1991, pp. 129-161.

[84] Boissiere, Olivier. *Jean Nouvel*, G. Gili, Barcelona, 1997.

[85] Frampton, Kenneth, Cava, J. (ed.), *Studies in Tectonic Culture. The Poetics of Construction in Nineteen and Twentieth Century Architecture.* Cambridge: MIT Press, 1996.

[86] Se trata de un nuevo capítulo que añade en la segunda edición de *Historia crítica de la arquitectura* en 1984.

[87] Frampton, K. "Hacia un regionalismo crítico: Seis puntos para una arquitectura de Resistencia", en VV.AA., *La posmodernidad*, Kairos, Barcelona, 1985, p. 38.

[88] Ibídem, p. 38.

[89] Frampton, K. "Rappel à l'ordre, the case for the tectonic", en *Architectural Design*, v. 60, num. 3-4, 1990, pp. 19-25 y en *Tectonic Expression*, 518-528. p. 527.

[90] Bötticher, Karl, *Die Tectonik der Hellen* (1844-1852).

[91] Frampton, K. "Hacia un regionalismo crítico", *op. cit.*, p. 49.

[92] Frampton, K. "New York's Narcosis. Reflections from an Achimedoan Point", en H. Klotz ed., *New York Architecture 1970-1990*, Rizzoli, New York, 1989.

[93] Semper, G., *The Four Elements of Architecture, and other writings*, University Press, Cambridge, 1989, p. 102.

MEMORIA Y LUGAR

MEMORIA Y LUGAR

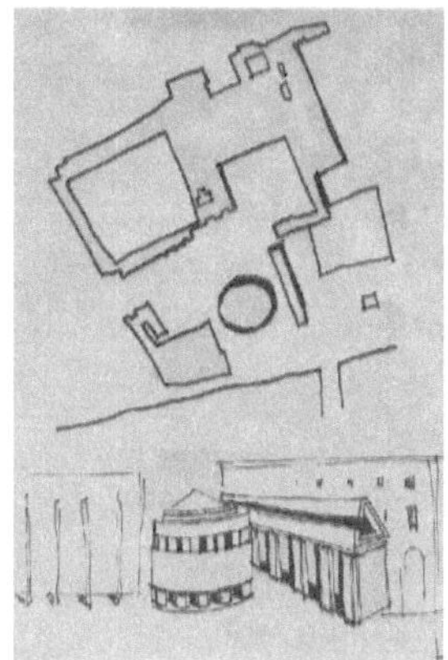

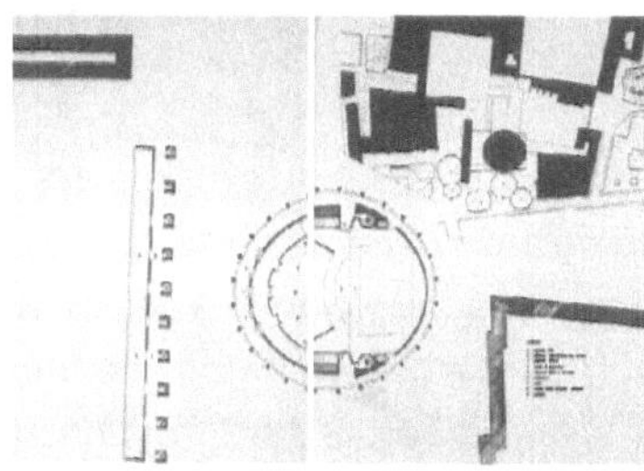

Aldo Rossi, proyecto
para el teatro Paganini,
piazza Pilotta, Parma,
1964.

La arquitectura se piensa como monumento, con indiferencia hacia las funciones segundarias;
una arquitectura urbana, de un carácter público a la que se reconocen elementos figurativos
tradicionales, formas primarias y rotundas como un teatro a la italiana.

'... el locus constituye un hecho singular que se determina por el espacio y por el tiempo, por su dimensión topográfica y por su forma, por ser
sede de vicisitudes antiguas y modernas, por su memoria...'

A. Rossi

"La lámpara de la memoria"

"La arquitectura es el hogar y la protección. De esta influencia sagrada, y a título de ello debemos consagrarle nuestras más graves meditaciones. Podemos vivir sin ella, pero no podemos sin ella recordar (...). No hay más que dos grandes conquistadores del olvido de los hombres: la poesía y la arquitectura. Esta última implica en cierto modo la primavera y es en realidad más potente. Es preciso poseer, no sólo lo que los hombres han pensado y sentido, sino lo que sus manos han manejado, lo que su fuerza ha ejecutado, lo que sus ojos han contemplado todos los días de su vida.

La morada llena de recuerdos y de objetos amados (...), estas lastimosas concreciones de cal y arcillas construidas tan precipitadamente en la llanura, (...) aunque todo hombre aspira a una esfera más elevada que su propia esfera natural y no tendrá desdén por su vida pasada (...). Los hombres construirán con la esperanza de destruir lo que hubieron construido y vivirán con la esperanza de olvidar los años que han transcurrido. (...) Pero yo quisiera ver nuestras habitaciones ordinarias construidas para durar y construidas para ser bellas, tan ricas y llenas de encanto como fuera posible por dentro y por fuera.

Más vale un trabajo grosero que narre una historia o recuerde un hecho, que una obra, por rica que sea, sin significación. (...) Un edificio puede valer mil tomos de historia. No tenemos ninguna escusa de no prestar atención a todos estos aspectos que aseguran la duración a un edificio. (...) Es raro puede suponerse que las consideraciones y las intenciones benévolas de una aglomeración de hombres no se extiendan, no vayan más allá de su propia generación. (...) No tenemos el derecho, por actos o por negligencias, conducir las futuras generaciones a penalidades inútiles, o a privarles de beneficios que estaría en nuestra mano legarles. Esa es una de las condiciones prescritas del trabajo del hombre. Porque la belleza del fruto está en proporción del tiempo que transcurre entre la semilla y la recolección, desde cuando más lejos tomemos nuestro fin y menos deseemos ser testigos personales de nuestro trabajo, más rico y trascendental será el resultado. La visión lejana, la paciencia tranquila y confiada nos hace cuando construimos, construir para siempre.

(…) La gloria de nuestros edificios está en su edad, en esa sensación
profunda de expresión, de vigilancia grave, de simpatía misteriosa, de
aprobación o de crítica que para nosotros se desprende de sus muros
largamente bañados por las olas rápidas de la humanidad. En su testimonio de durabilidad ante los hombres, en su contraste tranquilo
con el carácter transitorio de las cosas, en la fuerza que en medio de
la marcha de las estaciones y del tiempo y de la decadencia y el nacimiento de las dinastías y de las modificaciones de la faz de la tierra o
de las orillas del mar, conserva imperecedera la belleza de sus formas
esculpidas y une unos siglos olvidados con otros: en todo esto es en lo
que adquiere simpatía. En la pátina dorada de los años es donde hemos
de buscar la verdadera luz, el color y el mérito de la arquitectura. Solo
cuando un edificio ha revestido este carácter cuando se ha visto con-
fiar a la fama de los hombres y santificar por sus hazañas, cuando sus
muros han sido testigos de nuestros sufrimientos y sus pilares han
surgido de la sombra de la muerte, su existencia más duradera que los
objetos naturales del mundo que les rodea, se ve por completo dotada
de lenguaje y de vida".

John Ruskin, *Las siete lámparas de la arquitectura*

Peine de los vientos en San Sebastian, escultura de Eduardo Chillida,
proyecto de Luis Peña Ganchegui, 1975.

Adalberto Libera, Casa de Curzio Malaparte en Punta Massullo, Capri, 1938-40.

Una obra singular como la casa de Curzio Malaparte en Punta Massullo, Capri, proyectada por Adalberto Libera (1938-1940), es síntoma de una evolución de la arquitectura. Se trata de una obra radicalmente moderna y autónoma que al mismo tiempo reinterpreta la condición irrepetible del lugar. Una casa que es a la vez mirador, teatro, nave y altar. Una obra que evoca el rito y el lugar del sacrificio, que con su escalinata de forma casi triangular rememora la vecina Capilla de l'Annunziata; que exhibe primitivismo y que, otra vez, refleja el precedente mundo griego, situándose como un templo o un "tholos". La casa permite contemplar desde su terraza el cielo y el mar, vivir en contacto con el infinito.

La casa de Curzio Malaparte desvela una relación ideal con el universo que décadas más tarde recrearán las obras escultóricas de Eduardo Chillida, como el Peine de los Vientos en San Sebastián o el Elogio del Horizonte en Gijón. En estas obras aflora la influencia del pensamiento clásico griego y del pensamiento contemporáneo de Martin Heidegger.[1] Parafraseando a Heidegger, podemos establecer que intervenciones como la de Malaparte en las rocas de Puerto Massollo o de Chillida en la costa de San Sebastián convierten un "sitio" indeterminado en un "lugar" irrepetible y singular. Se han convertido en paisajes que deben su imagen característica a la arquitectura y a la escultura. Estas obras encuentran eco en los razonamientos de Merleau-Ponty, cuando al tratar de la experiencia corporal del hombre en el espacio, la fundamenta en la estructura punto-horizonte.[2]

El lugar o '*topos*'

Actualmente en el ámbito de la teoría arquitectónica se restablece el concepto de lugar frente al concepto de espacio y un cierto consenso respecto a la diferencia entre los dos conceptos. El primero tiene una condición genérica, indefinida, y el segundo posee un carácter concreto, existencial, articulado, definido hasta los detalles. El espacio se basa en medidas, posiciones y relaciones. Es cuantitativo; se despliega mediante geometrías tridimensionales, es abstracto, lógico, científico y matemático; es una construcción mental. Aunque el espacio quede siempre delimitado –tal como sucede de manera tan perfecta en el Panteón de Roma o en el Museo Guggenheim de Nueva York– por su misma esencia tiende a ser infinito e ilimitado. En cambio, el lugar viene definido por sustantivos, por las cualidades de las cosas y los elementos, por los valores simbólicos e históricos; es ambiental y está relacionado fenomenológicamente con el cuerpo humano.

La definición del lugar tiene su origen en Aristóteles, quien desarrolla en la *Física* una teoría "empírica" del *topos* o lugar, frente a Platón que desarrolla una teoría "científica" del espacio basado en la geometría. Si existe como referencia el ideal platónico de espacio infinito, un *continuum* natural, receptáculo de todo lo creado y lo visible, Aristóteles, identifica el concepto genérico de "espacio" con el concepto empírico y delimitado de "topos".[3] El espacio es la suma de todos los lugares, un campo dinámico con direcciones y propiedades cualitativas. Esa tentativa puede ser considerada como un intento de sistematización del espacio primitivo, pragmático que simboliza y preanuncia ciertos conceptos actuales.

Pero las teorías del espacio posteriormente se basaron, más que en Aristóteles, en la geometría de Euclides y definieron el espacio como infinito y homogéneo. En la teoría clásica de la arquitectura la concepción espacial es una entidad estática e inanimada; implica nociones de escala, proporción, simetría, composición, módulo, parámetros todos ellos que constituyen un repertorio para explicar las obras arquitectónicas. Estas nociones delatan una posición teórica que estima exclusivamente el aspecto corpóreo de la arquitectura y entraña su comprensión de un todo constituido por partes; delatan también el pavor del ser humano ante la existencia de un mundo sin confines, ilimitado y por ente inabarcable y por lo tanto una voluntad de fragmentarlo para así abarcarlo, es decir, conocerlo. El hombre conoce separando y domina dividiendo por eso las operaciones arquitectónicas son la división del informe e ilimitado campo en sectores y elementos que se pueden discernir.

A esa teoría racionalista subyace "un todo compuesto por partes" que encuentra su paradigma en el templo griego. La denotada claridad que se atribuye al arte clásico y a todo el clasicismo representa y certifica el racionalismo que motiva tales obras. Pues la razón tiende a fraccionar el mundo, racionándolo. Contra esa posición hay otra que concibe el mundo en su actividad y dinamismo. Pues concibe la arquitectura no como substancia corporal sino como vacío, una oquedad (la bóveda) y se imagina el cuerpo activo y en movimiento con estados de ánimo, humores que los traspasan y finalidades; el cuerpo habitando el espacio. Es más. En muchas de las culturas históricas más antiguas, el primer habitante no es el hombre, sino el alma que en el hombre reside habitándolo y cuando el cuerpo perece, el espíritu requiere su propia morada.

Según J. R. Morales,[4] la teoría clásica de la arquitectura supone la supresión de la temporalidad en la concepción extensiva y corpórea del mundo y de las artes; y las nociones de proporción y composición de las partes aisladas en un todo como una suma de porciones relativas entre sí. Pero sabemos que la morfología es incapaz de dar plena explicación de cualquier conjunto activo y por ello la temporalidad y la finalidad son ingredientes imprescindibles de la obra arquitectónica como supone un nuevo pensamiento que no se funda en relaciones fijas de magnitudes sino muy al contrario dota el edificio de algo así como órganos que funcionan. Eso implica determinadas maneras de "hacer uso" de ella, según las usanzas o costumbres y necesidades del hombre y para el pleno disfrute o aprovechamiento de las obras. La arquitectura permite e incluye determinados esquemas de conducta humana, a los que *da lugar*. Hemos de pensar la arquitectura en su adecuación a específicas maneras de ser del hombre centrando nuestra atención al *ethos* –costumbre, uso, carácter y lugar de reposo–. Arquitectónicamente, la reiteración activa del uso en la costumbre concede el carácter habitual a los lugares y recintos. Así, cuando nos referimos al hombre, advertimos que los usos y conductas "habituales" constituyen sus pertenencias inalienables, sus "haberes" característicos. El *habeo* correspondiente a la habitualidad y a las costumbres (*mores*), *da lugar* y *tiene lugar* en las habitaciones o moradas. Y en libre juego posible entre aquello que el hombre tiene –"hábitos"– y le contiene y retiene –"habitaciones"–, se hace el hombre habitante y habituales los lugares. El haber del hombre, en el sentido de "lo que le es propio", se forma en el habitar, así como las actividades usuales que el habitar entraña, constituyen "el haber" de la arquitectura: sus "propiedades", en las que reconocemos para qué es "hábil" o apta. Haberes, que sean del habitante o de la arquitectura, originan deberes: deber del habitante hacia el pleno habitar –"el saber habitar" exigido por Le Corbusier y Heidegger– y deber de la obra arquitectónica hacia la permisividad del pleno habitar. Requerimos pues una arquitectura practicable –en cuando *da lugar* a nuestra praxis– y plenaria: aquella que obtiene plenitud mediante la propiedad e intensidad de sus usos.

Entender la arquitectura espacialmente, como formadora de espacio según Riegl y Schmarsow, como *Raumgefühl* (sentimiento de espacio), teoría que desciende de Kant, ha implicado que la concepción del arte y de la arquitectura se apartase de las tendencias positivistas y causales. Pues, Schmarsow acepta la categoría kantiana de espacio refiriéndola como éste a la intuición humana y como él estima que el espacio tiene que percibirse de acuerdo con el desplazamiento del cuerpo, ya que concibe el espacio arquitectónico como "recorrible", distinguiéndolo así de las modalidades espaciales propias de la pintura y la escultura. El espacio es la esencia de la arquitectura asevera Schmarsow. Como Kant, supone el espacio como una magnitud infinita que admite divisiones pero no un ingrediente apreciable según sus modalidades como sucede con lo arquitectónico. Tal aseveración de que la índole de la arquitectura radica en el espacio tiene un contrapunto que nos remite al concepto de ser. Si el espacio constituye la esencia de la arquitectura, la cuestión que se plantea ahora es en qué consiste la esencia del espacio arquitectónico. Debemos preguntarnos qué hay que hacer en el espacio para que sea o haya arquitectura. El ser de la arquitectura es un ser para; de ahí que el ser y el haber de la arquitectura supongan y requieran, previamente, un hacer, pues el espacio arquitectónico no pertenece al mundo de lo dado, sino al de lo hecho con determinada finalidad.

Hay diferencias profundas entre el espacio arquitectónico y el espacio geométrico, este último homogéneo, y divisible *ad infinitum*, no admite grados, porque no acepta cualidades, y es, primordialmente, un espacio *nouménico* (intelectual). El espacio arquitectónico es fenoménico y pragmático, puesto que se manifiesta mediante operaciones humanas, y su condición es cualitativa. Un espacio de esta índole no se expresa a través de cifra y medida, con el porcionamiento; por el contrario, su carácter se evidencia en el *topos* o lugar, apreciable por sus modalidades y accidentes. Este espacio "tópico", "lugareño", en el despliegue de todas sus posibilidades –desde el "lugar común" o público hasta el que nos es privativo en la intimidad de nuestros hábitos y habitaciones– no tiene parangón con ningún otro tipo de espacio. Frente a la uniformidad del espacio matemático aparece este espacio vivido, modal, situable mediante sus infinitas diferencias de aspecto. Por lo tanto, para entenderlo en su auténtica condición, hemos de retrotraernos a su consideración antigua como "sitio", en el que el hombre específico de cada tiempo tiene su inconfundible, pertinente "sede".

Así que cuando pensemos que la arquitectura ocupa espacio, hemos de entender que ocupa *"un"* espacio localizado y localizable, porque le da determinada ocupación, distinguiéndolo cualitativamente de los demás lugares mediante operaciones propias del arte arquitectónico. Las obras que de ello resultan, permiten, a su vez, ciertas y específicas acciones humanas. A éstas operaciones, ocupaciones y acciones habremos de referirnos para entender en rigor la índole del espacio arquitectónico. De manera que la arquitectura no es espacial porque "está" en el espacio general, ni porque lo "contiene" o configura", sino porque hace surgir frente al espacio in-erte, o "sin arte", un espacio con cualidades intrínsecas, antes inexistentes, y que, por ello no puede estimarse como "parte" o "recorte" puramente extensivo de espacio alguno. De acuerdo con esto, una arquitectura puramente espacial es impensable, y por ello debe estimársela u-tópica, es decir, sin lugar. En vez de referirnos con vaguedad al "espacio", en arquitectura hemos de recurrir a modalidades espaciales que corresponden a localizaciones, áreas o ámbitos surgidos, según el uso y la finalidad, en zonas, caminos, ciudades, calles, plazas, viviendas, habitaciones, muebles... Dejaremos, pues, de considerar en la arquitectura el espacio general o abstracto, que tan poco indica respecto de ese arte, para preguntarnos por los quehaceres humanos que originan el espacio arquitectónico en su condición usual. De tales acciones nace un *espacio* tematizado, en el que la acotación que entraña no es solamente espacial, puesto que tiene por límites aquellos que son propios de su uso. El espacio que así surge no es una abstracción humana ni, tampoco, "naturaleza", o espacio "dado"; es, más bien, un espacio legible y, por ello, comprensible y comunicable en cuanto revelado de cierta manera y con determinado propósito.

Decimos esto porque el hombre convierte, además, en arquitectónicamente legibles los accidentes naturales, cuando les da nombre propio, particularizando así a la roca, al vado, al valle, a la montaña. Contrariamente, el espacio general, extensivo y geométrico, no puede recibir nomenclatura que lo singularice, porque carece de casos y accidentes. Para entenderlo, hemos de recurrir a denominaciones genéricas –triángulo, círculo, esfera– o magnitudes y medidas, en distinciones exclusivamente cuantitativas. Las obras arquitectónicas pueden nombrarse, no sólo por sus cualidades genéricas –"templo griego", "catedral gótica", "termas romanas"– sino pueden recibir nombres propios que las diferencian y especifican. Así, cuando particularizamos determinada área verde dispuesta para vacación del hombre, denominándola parque del Retiro o del Luxemburgo, mediante el nombre sabemos de qué lugar concreto se trata. Por cierto, que el nombre propio no indica propiedades de aquello que lo ostenta, pero lo distingue plenamente de otros lugares que llevan el genérico de parque.

Desde antiguo quedó entendido que nombrar es conocer, en la asociación analógica establecida entre *nosco* y *nomen*. Y como la raíz que corresponde a "conocer" equivale en indoeuropeo a "nacer o engendrar", esto nos permite suponer que los lugares conocidos y nombrados "nacen", porque la denominación que se les asigna contribuye a "producir" lugares en el espacio, que no surgen plenamente como tales mientras no podemos nombrarlos. De hecho surgen porque al nombrarlos con nombre propio quedan especificados, haciéndolos inconfundibles. En cuanto "se llaman" de alguna manera, acuden a nuestro llamado invocador o evocativo, sometiéndose al imperio de nuestra voluntad, puesto que, al fin, conocer supone dominar. El terreno y los lugares conocidos constituyen nuestros auténticos "dominios".

Ese espacio artificial, tematizado, legible y nombrado, en la singularidad que nuestros usos y operaciones le otorgan, es el espacio arquitectónico. La vida concreta lo origina y la palabra especificadora lo designa. Por ello, el espacio arquitectónico es nuestro espacio inherente y se caracteriza porque posee determinada Vida concreta y vivienda, o lugar en que nuestra vida se localiza y establece, aparecen, como no podría ser menos, directamente asociadas, y requieren una consideración rigurosa, omitida tanto por los "espacialistas", que en general se limitan a la vaguedad inespecífica del "espacio", como por los filósofos de la vida, que no tuvieron plenamente en cuenta cuáles son las condiciones arquitectónicas en que la vida humana tiene lugar, y qué actividades arquitectónicas necesitamos emprender para dar local y ocasión a nuestra inalienable manera de vivir.

Hay actividades humanas que tienen el propósito definido de crear obra protectora y situante, por lo que el hacer pertinente está dedicado de antemano a producir manifestaciones arquitectónicas.

Pero diversas prácticas y acciones humanas, aun cuando tengan finalidades ajenas a la arquitectura, pueden ser arquitectónicas, en el sentido de que, independientemente de su destino específico, originan disposiciones de índole espacio-temporal que terminan por condicionar lugares, en los que se reconocen y localizan.

El quehacer arquitectónico culminado en modalidades artísticas pone ante nuestros ojos espectadores determinadas posibilidades interventoras de la técnica sobre la naturaleza y la vida humana, de las que se hace representativa. De tal manera la arquitectura nos sitúa en el mundo producido por directa acción técnica sobre el entorno "dado" mediante determinado hacer o fabricación –particularizado en la "fábrica", con que diversas lenguas designan el cuerpo construido de los edificios– y a la par, nos pone ante un mundo que requiere de la contemplación y el saber ver pertinentes al arte. Esta doble posibilidad de obra incluye nuestras fundamentales modalidades del vivir cotidiano y del qué hacer habitual y, por otro lado, nos sitúa frente a una perspectiva semejante a la del novelista o el dramaturgo, que han de efectuar a la vez su espontáneo vivir y la percatación rigurosa del mismo.

Dimitris Pikionis (1887-1968)
Accesos de la Acropolis, Filopapou y Lombardiaris
Escuela primaria en Pefkakia, Atenas, 1931-32.

... se trata de fijar el genius loci... mediante construcciones que acopien las propiedades del lugar y las acerquen al hombre

... definir las características topográficas y paisajísticas que confieren un carácter singular al lugar

... proyectar una arquitectura que reacciona generando un entorno expresivo...

... que busque el equilibrio entre fuerzas naturales y artificiales...

Dimitris Pikionis (1887-1968) es un arquitecto griego de la generación
de Le Corbusier y de Mies. Estudió en el Politécnico de Atenas desde
1904 y en 1908 se fue a Munich y de ahí a París (1909-1912) para estudiar
pintura. Tuvo amistad con De Chirico y estando en París empezó a leer
la teoría de la composición arquitectónica de Caudet. Este breve retrato
encuadra la figura del arquitecto más conocido por su obra de los accesos de la Acrópolis.

Para Pikionis, la legitimidad de las formas arquitectónicas viene dada
desde la cultura esencial del arte. Junto a un arte tan grande como el
de la Acrópolis solo podría uno anteponer el arte legítimo de su tiempo
aunque en esta obra ensambla y dispone fragmentos y objetos reutiliza-
dos. Pikionis reaprovecha los elementos desmembrados por una feroz
especulación que en los cincuenta llevó a la destrucción casi completa
la Atenas del romanticismo filohelenista de Von Klenze. Piedras que
antaño servían de soporte a eclécticas construcciones decimonónicas
crecidas en un neoclasicismo germánico de origen Shinkeliano, dia-
logan ahora en su lugar de origen con ruinas insignes reconstruyendo
paisajes bizantinos. A semejanza a las antiguas columnas romanas
reutilizadas en basílicas paleocristianas o en mezquitas musulmanas,
emprende un proceder antagónico al embalsamiento de los museos
arqueológicos, que podríamos considerar como una actitud a la vez
radical y conservacionista.

Obra de una tosquedad originaria, los accesos de la Acrópolis pertenecen a un mundo de objetos primitivos como el dórico leñoso o ele-
mentarista como una obra Mondrian; parece restablecer un primitivo
equilibrio entre el hombre y la naturaleza, entre arquitectura y el paisaje.
Pikionis como otros arquitectos modernos consciente del incierto futuro que a la arquitectura ya se le ofrecía a finales de los años cincuenta,
muestra veladamente principios y fundamentos éticos de vinculación
a su propio pasado, a la tradición y a la naturaleza de donde proceden
valores que siempre han acompañado a la verdadera arquitectura.

Tenía ya una avanzada edad cuando recibió el encargo de la ordenación
de los accesos de la Acrópolis y de la colina de Filopapou –pasaba ya de
los 70– y sin embargo se le veía presente constantemente en la obra que
ningún plan o descripción podrían prever. Trabajaba simultáneamente en
diferentes tajos, dibujando *in situ*, componiendo los materiales y dirigiendo

sus expertos albañiles que había reunido ya desde obras anteriores y conocía bien. No acepta ninguna convencionalidad establecida del presente. El arquitecto es interprete de su propia obra, el mismo la construye.

Se conoce por una carta que dirige al ministro competente, que la condición que pone para encargarse de la obra es que se le otorgue la responsabilidad absoluta de la dirección. Se ve que la intención del gobierno era encargar la obra, por su gran envergadura y significación, a una comisión formada de expertos. Para Pikionis, obras de ese tipo requieren de una precisa definición de la responsabilidad. La condición de una creación artística es que debe estar libre de cualquier coerción y provista del espíritu de total libertad. Solo bajo esta condición aceptaría.

Porque esa no es una obra mecánica sino una obra artística aunque indudablemente precisa de mucha artesanía y contemplación del lugar donde se ejecuta. En la obra intervienen muchos factores específicos pero todos deben obedecer al espíritu de la estética global y no se permiten antinomias. En esta obra actual pero inspirada en el arte antiguo, las formas y la ejecución común son inviables. El arquitecto debe concebir hasta el último detalle, recrear y actualizar las formas corrientes de proceder.

Había de utilizarse para la construcción de los caminos, plazas, zonas de descanso, miradores..., piedras de textura especial, forma y color, dinteles de mármoles antiguos y neoclásicos con relieves y formas toscas e incluso se incorporarían grandes rocas seleccionadas. Objeto de estudio específico ha constituido la plantación de la colina. Olivos, arbustos mediterráneos, mirtos y laureles según la tradición de los antiguos santuarios griegos en su composición, forma, color y simbolismo habían de sustituir toda la vegetación ajena a este paisaje. Había de recomponer la vegetación de todo el entorno de la Acrópolis, Ágora y Theseion eliminando paulatinamente y a la medida que la nueva vegetación creciera, el paisaje recreado durante el romanticismo para armonizar este entorno desde el punto de vista plástico y simbólico con el carácter del paisaje.

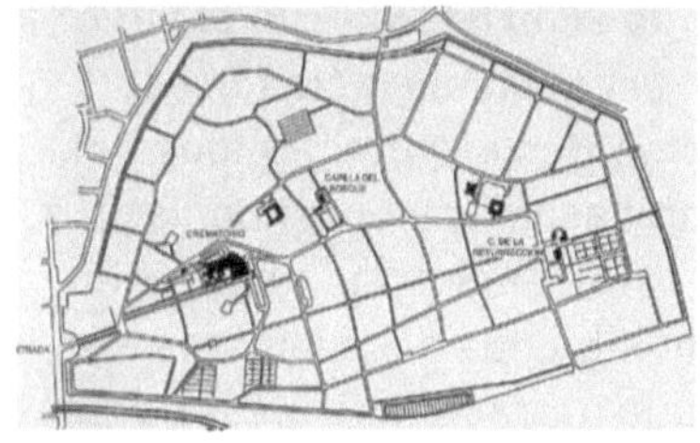

Gunnar Asplund y Sigurd Lewerentz
Cementerio del Bosque, Estocolmo, 1918-20.

Erik Gunnard Asplund junto con Sigurd Lewerentz llevaron a cabo la
ordenación de un área boscosa para realizar una nueva zona de cementerio según los recientes cánones germánicos de cementerios-parque.
El lema "Tallum" que habían elegido para el concurso es precisamente
la latinización de una palabra sueca que indica bosque. La resonancia
romántica y algo "primitivista" del lema se repite en la propuesta completa. El trabajo se desarrollaría de forma intermitente a lo largo de un
período de tiempo de casi treinta años con la obra del crematorio al final
y coincidiría prácticamente con todas las facetas desarrolladas en el
resto de la obra del autor.

Originalmente, el emplazamiento del crematorio era una gran explanada cóncava, de arena y grava, limitada por una colina rocosa y el
bosque. La piedra, la arena y la grava se utilizaron en la construcción

del cementerio y en este proceso constructivo fue cuando se definió el emplazamiento exacto del Crematorio, paralelo al sendero llamado el camino de la cruz que delimita la pradera por un lado y el gran pórtico por el otro junto a un gran estanque que refleja el paisaje y el edificio; cerca de él se sitúa el lugar ceremonial escuetamente señalado en la pradera para los funerales al aire libre.

Al lado del camino en la pradera se sitúa la gran cruz de granito. Más allá del pórtico a través de un corte profundo en el bosque, un camino conduce a la capilla del bosque y más allá, la capilla de la Resurrección de Lewerentz. Todos los lugares y elementos arquitectónicos del cementerio, el cementerio de urnas, las capillas, el gran pórtico, la cruz, el estanque, el lugar ceremonial, la colina están enlazados y aparentemente descolocados. Las capillas no están situadas centralmente ni producen una forma unitaria. Se rechaza una narración de un universo ordenado donde se suceden los misterios del nacimiento, la vida la muerte, el funeral, el enterramiento y la resurrección. El paisaje bíblico de Asplund va más allá de toda comprensión. Rechaza cualquier narrativa simbólica o funcional.

Asplund realizó primero la llamada capilla del bosque (1918-20) y Lewerentz la capilla de la Resurrección (1925) mientras proseguían los trabajos de ordenación y transformación de la colina septentrional según el proyecto de ambos. La capilla del bosque se presenta como una romántica interpretación de la "cabaña primitiva" del abad Laugier. Se dice, está inspirada en un curioso pabellón de caza diseñado por Andreas Kirkerup en 1795 en la finca Liselind situada en la isla de Mon por donde pasó Asplund en su viaje de novios que hizo en bicicleta por Dinamarca en verano de 1917. La capilla evoca una pequeña construcción "natural" que surge de forma imprevista entre el ritmo vertical de los troncos. Es el primer edificio del cementerio construido, asentada en un bosque de pinos y abedules en la zona sur, la más baja y llana; tenía que cumplir la función de centro autosuficiente para las ceremonias de espera y cremación. Aislada por un murete bajo el acceso se hace obligatoriamente desde un punto de donde se encuadra frontalmente su cubierta abstracta de tejuelas de astilla de madera negra, levitante sobre unas finas columnitas de madera lacada en blanco. La capilla de construcción en madera con las paredes encaladas y su cubierta negra, lleva como único elemento decorativo pendido en la cubierta sobre la entrada, la escultura del "Ángel de la Muerte" de Carl Milles. Las rejas de hierro son diseñadas por Asplund y el Cuadro del Altar se debe al artista Gunnar Torhamn. Desde un punto de vista próximo, la pequeña escala y la sencillez de sus detalles hacen más doméstico el todo. Traspasado el breve pórtico sorprende por la riqueza de su espacialidad interna materializada en una ligera cúpula que introduce la luz desde arriba y está sostenida eficazmente por un círculo de espaciadas columnas, lo que confirma desde el interior el interés del autor por los volúmenes primarios. Asplund se muestra desligado de los convencionalismos de los lenguajes y es capaz de hacer que su indecisión lingüística resulte humanizadora. Aunque la capilla marque el final de la utilización de elementos primitivistas y vernaculares –siempre en clave romántica– en la producción asplundiana que en la siguiente década estará llena de invenciones y variaciones estrechamente vinculadas a las matrices nórdigas, o más bien germánicas, de un clasicismo tampoco ajeno a la cultura francesa del XVIII. En esta etapa pertenece la biblioteca de Estocolmo. El edificio de los servicios Ceremoniales (1924), cercana a la capilla en el Sur del Cementerio, recuerda muy directamente el proyecto de la fábrica de Cañones de Ledoux, *La Forge*. Es una de las construcciones más singulares y menos conocidas del Asplund en un claro del bosque. Cuatro pirámides en los vértices de un cuadrado y una menor cubriendo la sala central. La pirámide esta utilizada aquí de forma literal como símbolo funerario. Es una obra insólita que muestra un objeto sin fecha, absolutamente elemental y pobre en *nuances*.

Por el mismo período que Asplund terminaba la ampliación del Tribunal de Gotemburgo con su nueva fachada como un hábil comentario de la arquitectura clasicista del edificio original, había reemprendido otro proyecto en el Cementerio Sur de Estocolmo: el Crematorio que completa la ordenación de la zona septentrional del área y que se fundirá ahora con la obra de Lewerentz quien proyectó el acceso principal y la "modelación" de las pequeñas colinas talladas sobre la vieja cantera de grava, y las diseñó evocando tanto los bosquecillos sagrados de Grecia como los túmulos de los héroes vikingos del tipo de los que se pueden ver en la zona arqueológica de Gamla Uppsala. Trabajando por separado los dos arquitectos situarán a poca distancia entre sí, uno el dramático pórtico del crematorio situado frente a la capilla mayor y el otro la "Minneslunden": la Colina de las meditaciones".

El Crematorio es de una volumetría totalmente fragmentada que consiste en las tres capillas funerarias con una sección técnica común. Para permitir que se realicen las ceremonias simultáneamente en las tres capillas, pero manteniendo su privacidad, el arquitecto diseñó jardines y salas de espera entre ellas. Las salas de espera son de ambiente confortable construido con una gran atención para recibir a la gente en un estado especialmente sensible. Variando además la altura de las edificaciones, dio énfasis a la suave pendiente que lleva al columbario al aire libre adyacente y a la entrada principal del cementerio armonizando la edificación con la topografía. Una pieza escultórica que lleva por título "la Resurrección" fue erigida en el atrio abierto del gran pórtico, por delante de la capilla mayor. En conexión con esta galería abierta se ha creado un espacio para ceremonias funerales al aire libre.

El interior de las capillas está concebido para enfatizar el hecho de que el catafalco y el féretro son los objetos esenciales ocupando el lugar central del ambiente. En lugar de colocar las flores alrededor del féretro según la forma tradicional, aquí se las coloca entre el catafalco y las paredes. Las coronas pueden reposar en soportes especiales que cuando no se usan se disimulan bajo el piso o pueden colgarse de ganchos en las paredes laterales.

La relación entre el pórtico y la Capilla Principal llamada "de la Santa Cruz", se resuelve como una yuxtaposición de partes con cualidades distintas. El pórtico puede entenderse como pieza independiente o como atrio de la capilla y constituye en sí mismo un lugar de cruce de caminos; el *impluvium* ocupa el centro solamente según uno de los ejes, precisamente aquel que aparece negado por su situación relativa a la capilla adyacente y por la situación de llegada del féretro en el vehículo fúnebre. Solo cuando la puerta de celosía de la capilla desaparece descendiendo bajo el suelo, cobra fuerza la ligadura ente los dos espacios que hasta ahora era potencial y se hace evidente el juego de relaciones establecidas en este lugar de transición: la extensión funcional del espacio, la continuidad de los pavimentos, el orden visual de los pilares, etc.[5] En realidad el inmenso pórtico tiene su centro en el *impluvium* con la escultura de la resurrección y la capilla en el catafalco. Asimétricamente uno conduce al cielo, el otro a la cremación. El columbario está situado en el lado norte de las capillas, donde las urnas ya sean colocadas en nichos en los muros o se entierran al pie de ellos. Entre la capilla mayor y el área para las ceremonias al aire libre existe un pequeño estanque con flores acuáticas. Es precisamente éste desconcierto de las piezas del cementerio, todas ellas dispersas en un paisaje de "planta libre" –porque se niega a crear de forma artificial un significado perfecto o una geografía arquitectónica ideal– el que confiere a la arquitectura un posición privilegiada.

Asplund resume en una conmovedora tensión toda la experiencia del recorrido que alcanza la colina pasando frente a las dos capillas menores y la capilla mayor del Crematorio con la presencia de la gran cruz de granito a la derecha, único objeto erigido en el suave paisaje ondulado del cementerio. Una vez más Asplund muestra en esta obra que más allá de las tensiones culturales de su época, escucha y reconoce los signos mutables de cada lugar; que se pregunta en todo momento sobre su propia capacidad de comprensión e intenta con honestidad y pasión formular su pregunta. La complejidad de Asplund está representada al fondo por el Crematorio; cada signo aparece cargado de tensión simbólica, pero calibrado exactamente para "funcionar" sin contradicciones. Las secuencias ceremoniales encuentran una sucesión precisa de ambientes en los que la representatividad o la dimensión monumental del organismo no comprime ni deforma el tejido de las relaciones funcionales.

Sus frágiles equilibrios y desviaciones sin violencia entre los signos de la tradición clasicista y aristocrática sueca y la construcción vernácula, que incorpora los materiales naturales y los ambientes domésticos, sintetizan el arte y la artesanía. El tratamiento de la naturaleza incluía aspectos tales como la luz, los materiales y el trabajo artesanal. La Capilla de la Santa Cruz está decorada con el fresco "Vida-Muerte-Vida" obra de Sven Erixson. La Capilla de la Esperanza lo está con el mosaico mural en mármol ejecutado por Otte Sköld. En la tercera capilla, llamada "de la Fe", la pared situada detrás del Altar esta ornamentada con un relieve en estuco de Ivar Johnsson. El crucifijo esmaltado de la Capilla de la Esperanza, es obra de Otte Sköld, en tanto que el crucifijo del altar de la Capilla de la Fe, ha sido creado por Ivar Johnsson. Las puertas de las capillas están decoradas con relieves en bronce según dibujos del escultor Bror Hjort. La magnífica cruz de granito en la explanada delante de las capillas, ha sido dibujada por Asplund.

Para Asplund la arquitectura tenía que enfatizar lo que geográficamente existía, es decir las características topográficas pero tambíen era refugio y civilización como parte del mundo heredado a través de la historia. Asplund tiene sin duda una posición central en el desarrollo de la arquitectura del siglo XX con una gran influencia en algunos de los mejores arquitectos como Alvar Aalto, Erik Bryggman, Arne Jacobsern, Sven Markelius y Jorn Utzon. Aunque abrazó el funcionalismo, a la vez reaccionó contra él buscando una fusión con las fuentes más arcaicas vernáculas y clasicistas de la arquitectura nórdiga. En toda su obra persiste una constante dimensión psicológica y simbólica que detectó por primera vez Alvar Aalto al escribir un pequeño *in memoriam* a la muerte del arquitecto en 1940: "(...) el arte de la arquitectura sigue teniendo unos medios y unas fuentes inagotables que fluyen directamente de la naturaleza y de las inexcrutables reacciones de las emociones humanas". Aalto se refería a la misma arquitectura, que por otro lado considera el hombre un fenómeno social y toma, a la vez, la ciencia y la investigación como un punto de partida; que utiliza los instrumentos de las ciencias sociales pero también el estudio de los problemas psicológicos.

Aunque este último aspecto aparece como un desarrollo posterior del funcionalismo, en la obra de Asplund es realmente anterior y se puso ya de manifiesto en el cementerio del bosque. El proyecto ilustra la dimensión simbólica-psicológica de la arquitectura. El simbolismo de Asplund es totalmente intuitivo carente de un bagaje intelectual consciente; está basado en un sentimiento profundo y en una libre asociación de recuerdos. Cuando utiliza los mitos tradicionales, los coloca en un contexto diferente que da a su significado una nueva vitalidad.

Gunnard Asplund, Capilla del
Bosque. Estocolmo, 1918-20.

El "Angel de la Muerte" de Carl Milles y
detalle de la cerradura.

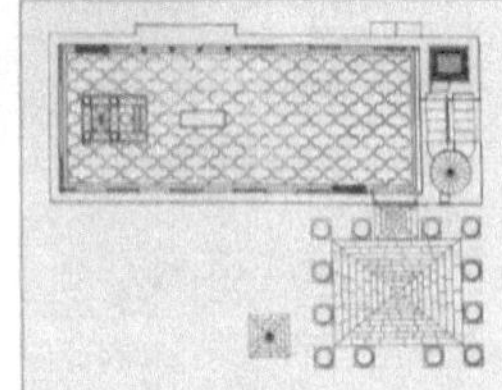

Sigurd
Lewerentz,
Capilla de la
Resurrección,
1925.

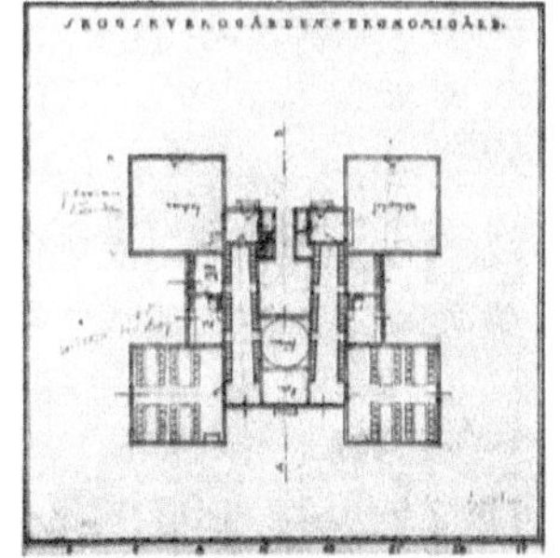

G. Asplund
Dependencias del Cementerio
del Bosque, 1923.

Gunnar Asplund
Crematorio del Cementerio
del Bosque,
Estocolmo, 1940.

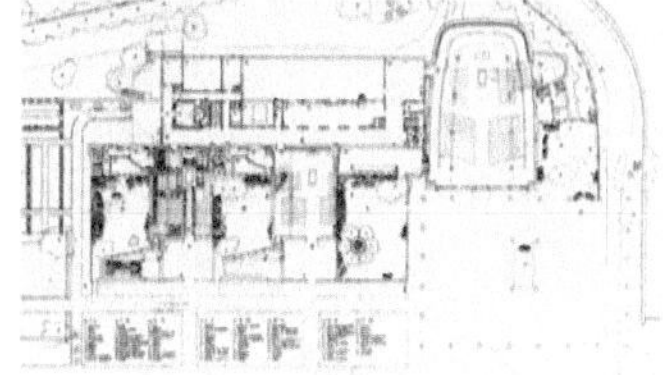

Lugar y tránsito

La esencia de lugar es entendida a ser contrastada con el concepto de
no lugar. Los "no-lugares" son el fenómeno que el antropólogo francés Marc Augé ha calificado como de espacios de la sobremodernidad
y el anonimato, definidos por la sobreambundancia y el exceso.[6] Son
siempre espacios de tránsito, espacios de escasa comunicación inter-
personal. Estos espacios se contraponen al concepto antropológico y
etnológico de lugar en las culturas localizadas en el espacio y el tiempo.
Cultura y lugar se identifican y se traspasan por las nociones de per-
manencia y unidad. Los no lugares consisten en espacios de tránsito,
dispersión e inestabilidad: lugares de autopista, gasolineras, hoteles,
grandes centros comerciales, lugares de consumo y ocio, aeropuertos
e intercambiadores de modalidades de transportes, medios de transporte rápido como los aviones y el ferrocarril. Son lugares donde se
opera con las tarjetas de crédito y las tarjetas de identificación, donde
la comunicación se reduce al mínimo; donde hace falta identificarse y
acreditarse y que eso no es función del lenguaje; se necesita el carné
de identidad, el pasaporte, la tarjeta de crédito, la carta de embarque, el
localizador, la acreditación. En esos lugares el usuario pretende pasar
lo más rápido e inadvertido posible, quedar atrapado el menor tiempo
posible. Por eso, la predilección por la velocidad: trenes, aviones que
llevan de un lugar a otro, lugares donde la gente pretende integrarse
completamente y pasar desapercibido en la masa. Donde prevalece la
aceleración del tiempo, hay un potencial no lugar.

En los aviones se vive la experiencia máxima del no lugar, deseo de
duración mínima, y mínimo contacto con la realidad de vientos y turbu-
lencias; caída en una experiencia narcotizante que permite a Paul Virilio
especular: "la ópera de hoy es el Boeing 747, nueva sala de proyección
en la que se intenta compensar la monotonía del viaje con el atractivo de
las imágenes, festival de las travesías aéreas, desurbanización pasajera
en la cual las metrópolis de los sedentarios es sustituida por la micró-
polis nómada y merced a la cual el mundo sobrevolado pierde todo interés, hasta el punto de que el confort subliminal del avión supersónico
impone su ocultación total, y quizás exija en el futuro la extinción de las
luces y la narcosis de los pasajeros".[7]

En los espacios públicos de la nueva generación como son los grandes centros comerciales, el vacío de la plaza tradicional como lugar de encuentro y comunicación es sustituido por el lleno de los objetos de consumo. Las autopistas atraviesan franjas de no lugares, lugares que se anuncian y nunca se visitan y cuyas siluetas se diseñan para ser vistas a gran velocidad.[8] Focos y redes de no lugares se generan en medio de lugares auténticos. Según Marc Augé, la idea de sociedad localizada está siendo puesta en crisis por la proliferación de estos no lugares basados en la individualidad solitaria, en el tránsito y en el presente sin historia. El espacio del tránsito es el arquetipo del no lugar. El espacio del no lugar no crea ni identidad ni relación, sólo soledad y similitud.

En palabras de Levinas, los no lugares son "lugares para una no-sociedad, para una sociedad sin mañana, sin comunidad, sociedad del azar". Lugares donde no puede haber encuentros ni intercambios experienciales.[9] El no lugar es puro "pasaje" (no paisaje) del espacio sin creación al espacio (producto lefevriano) hecho de recorridos transversales en todas las direcciones. La no ciudad es todo aquello, a lo que, en la ciudad, no le es dado cristalizar. La no ciudad es el orden que organiza al mismo tiempo que desorganiza la ciudad, lo que funda la ciudad es lo mismo que la disuelve; es el rehacerse continuo de la ciudad (lo ya hecho en ella) donde los transeúntes tratan de acomodarse a la ausencia de lugar.

"Lugar ausente, ausencia de lugar. Usuarios que atraviesan el espacio (sentido) de los demás, que arrastran su lugar sin lugar a otro lado. No-ciudad es la dinámica que cristaliza y transforma la ciudad; una forma de no ser (aristotélico), el movimiento. Si ser es lo permanente estático, la ciudad como etapa duradera es vocación de pararse juntos mientras que la no ciudad es cambio, una vía (dinamismo) nómada; errar, vagar, equivocarse".[10]

La ciudad es el arquetipo de la quietud, el lugar permanente de la habitación común, donde se deposita la memoria cotidiana bajo la forma de la representación cósmica. En la ciudad nace la técnica registral (escritura, contabilidad, plano, etc.) que nos permite hacer duradero lo efímero.[11]

Las ciudades son petrificaciones de lo deseable, los recuerdos, los temores y el poder. El modelo ideal de ciudad es la cáscara de una situación pensada, entendida como ordenación (configuración delimitada) que va a contener lo desbordado que se acumula en el transcurrir vital colectivo. La idea de ciudad "clásica" ha reforzado la noción de quietud, de lo estable del ser, de la inevitable inmanencia de lo que es como debe ser. La ciudad entendida como cáscara histórica es objeto donde se penetra, se entra, para protegerse o esconderse. Es un rechazo de lo trascendente. Más es el añorado perdido lugar para defenderse, para ocultarse.[12] Vista así, también es el lugar de referencia donde se enteteje la novela moderna. Escenario fijo, inevitable de la vida social. Azua señala que sin novelas las ciudades quedan sin alma. Desde la quietud, la ciudad es una cáscara preexistente, eterna, para siempre ya hecha, misteriosamente formada donde se alojan recuerdos de la memoria borrada de las presencias acumuladas. La ciudad es lo realizado al margen de su proceso de formación, es el destino de la vida civilizada y su reto imposible de quietud.

Al contrario, Deleuze y Guatari ven la ciudad como correlato de la ruta, entidad que es circulación y circuito, defendida por entradas y salidas por las que los flujos circulan de dentro a fuera y al contrario, siempre horizontalmente.

"Las ciudades de hoy no paran de crecer, de desmandarse de sus límites y hacer patentes radicales destrucciones que transforman su apariencia. La ciudad actual es incomprensible, irrepresentable y radicalmente destructiva; se hace ámbito de supervivencia, donde se inscribe la agitación desesperada en un fenómeno técnico industrial que sobrepasa toda comprensión. Esta ciudad emergente y consecuencia del último capitalismo es conocida como "no ciudad". La ciudad vista como organismo que se transforma y se navega, que se ocupa y que se cruza, se llama la no "ciudad". Ciudad agresiva. Hombres que luchan y generan y se refugian en sus casas. La no ciudad niega y supera la ciudad. Movimiento excitado (traslaciones) que crea nódulos (no centros). Red de lugares-de usurpación y disimulo, simulacro. La no ciudad es pura movilidad; es contra la historia y la naturaleza; es global –no local–; es la 'ciudad genérica'[13] donde se desvanecen los núcleos de dispersión y las comunidades autosuficientes. Es la ciberciudad (bit city) del trabajo privado, con centro histórico (old city), kitsch como parque temático (sim city) antes *sin city*, diversión: tres maneras de ser de la distancia y el movimiento.[14]

La no ciudad tiene mala reputación; evoca desmoronamiento, ciudad difusa, sin espacios socializadores, que se sustituyen por los centros comerciales. La no ciudad es anti-ciudad-idealizada-pequeña-socializada; aceptación de la insatisfacción de la ciudad y búsqueda de las razones para los sentimientos desolados concomitantes. La no ciudad es a la ciudad como lo feo a lo bello, es lo opuesto, pero no su negación. No lugares, "espacios del anonimato, lugares monótonos a los que no corresponde identidad, distinta de los contextos identificados".[15]

El no lugar es una categoría cuya génesis es inseparable de la geometría barroca. Versalles es el prototipo de la ciudad moderna pensada como obra de arte; idea, representación. Mientras la materia, según Descartes, es reconocida por el entendimiento, es entidad que vive emboscada en el interior de cada cual y nos da a conocer cualidades del mundo, de las que ya sabíamos algo antes de experimentarlas, la geometría, no lugar, lugar del espíritu donde se insertan todos los lugares del mundo, es un pensar que para existir no tiene necesidad de lugar. Ese espacio es el movimiento mismo de la razón; donde estamos cuando pensamos es un lugar.[16] El sujeto es un no-lugar (Derrida) a medio camino entre la posibilidad y la voluntad de representar el mundo. El no lugar de Descartes es como el espacio de Kant que es a priori (idea, molde formativo sin materia ni lugar). Según Kant, todas las cosas, en cuanto a fenómenos externos, se hallan yuxtapuestas en el espacio. Ese no lugar acumulado es la memoria. Ser no es un predicado real. Es simplemente la posición de una cosa o de ciertas determinaciones de sí. Posición es ser (aparición relacionada). No ser es no-posición; es disposición. De Certeau[17] entiende el "lugar" como orden de disposición de elementos en coexistencia mientras que como "espacio" lo que hay cuando se tienen en cuanta vectores de dirección, cantidad y tiempo. El espacio es un cruce de movilidades. El no lugar es lo producido por el movimiento. No es otra cosa que una manera de pasar. Lo urbano (que no es ciudad) es una masiva experiencia de la carencia de lugar. El no lugar se hace pasando por allí muchas veces; es límite; no es lugar a atravesar, es la travesía que desmiente el lugar.

Caminar viene a ser como hablar, emitir un relato, hacer proposiciones en forma de éxodos. "Caminar es pensar".[18] Caminar es discurrir, pensar, hablar, parar. El paseante poetiza la trama ciudadana. Comenta los lugares por donde transita como una geografía imaginaria hecha de llenos y vacíos. La no ciudad del transitar es el ámbito para la exhibición, el ámbito de una sociedad de miradas. La no-ciudad es lo que difumina (asombra) la ciudad entendida como morfología y como estructura. La no ciudad es la ciudad que tejen y destejen los viandantes, de la que se apropian las multitudes para la manifestación y la fiesta. Todas las formas de movimiento; la del *flaneur* de Baudelaire, los pasajes de Benjamin, *New Babylon* de Constant Nieuwenhuis.

Este último, holandés, ha dado una imagen sumamente sugerente de un mundo móvil en su fantasía *New Babylon*.[19] "En la Nueva Babilonia la gente estaría constantemente viajando. No habría necesidad de regresar a su punto de partida porque éste en todo caso se habría transformado. La Nueva Babilonia no tendría un plan determinado. Al contrario, la indeterminación, la movilidad y la flexibilidad sería lo propio de cada elemento. Pero en un mundo móvil de esa clase, no basado en la repetición de semejanzas en conexión con un sistema estable de lugares, el ser humano, según las conclusiones de la investigación de Piaget, sería llevado a un estado egocéntrico. Un mundo móvil a no permitir la interacción humana real impediría la liberación de la inteligencia y la creatividad que se liberaría en un mundo estable y estructurado.

Christopher Alexander también pensaba que las patologías sociales asociadas a la vida urbana (delincuencia, desorden mental, etc.) son inevitablemente consecuencia de la falta de íntimo contacto entre las gentes.[20] Por otro lado, no habría porque creer que un mundo estable y las imágenes que genera influirían o restarían movilidad al hombre. Es más, según K. Lynch,[21] "el organismo móvil tiene la necesidad de estar orientado entre lo que le rodea y siente el terror de extraviarse". En otras palabras, la movilidad ha de presuponer una imagen estructurada del entorno, un espacio que contiene orientaciones generales a la vez que particulares.

Bien es verdad que actualmente la movilidad, gracias al gran desarrollo de los medios de comunicación parece favorecer algunos nuevos problemas con respecto al espacio de la existencia humana, a pesar de que muchos parecen creer que ese desarrollo ofrece posibilidades de una acción social recíproca más rica. Para el teórico del urbanismo, el norteamericano Melvin Webber, "es la interacción, no el lugar en sí, lo que constituye la esencia de la ciudad y de la vida ciudadana".[22]

De este tipo de debate se deduce que el entorno humano ha tomado
una nueva dirección. Ya no se discute si se debe vivir en viviendas uni-
familiares o plurifamiliares sino qué es lo que puede hacer el entorno
más satisfactorio para la vida humana. El mundo móvil contemporáneo
encierra el equívoco entre la movilidad y la distancia, confunde la distancia física con la psíquica y sustituye la identificación con el lugar por
el consumo caótico de estímulos. Hans Sedlmayr capta la esencia del
problema como una especie de pérdida de un centro de referencia, algo
que equivale al desarraigo.

La no ciudad no suscita recuerdos ni afectos. No hay pasado ni futuro, sólo presente. Pura fenomenología. Otra interpretación del mismo
problema sería el problema ambiental planteado hoy como desarraigo
y desafecto; no es meramente de naturaleza técnica, económica, social
ni política. Es fundamentalmente un problema humano: el problema de
preservar la identidad del hombre quien salió de su sitio para conquis-
tar el mundo pero se ha quedado con su vaciedad y sin ninguna libertad
real; en las palabras de Rilke:

Oh! nostalgia de aquellas ciudades, que un día,
En horas fugaces, no fueron suficientemente amadas.
Cómo me gustaría redondear su silueta en la lejanía
Por donde descuidadamente transito

La Biblioteca Nacional de París y la Défence
por su escala no propician la frecuentación
ni los encuentros ni los intercambios
experienciales.

Los "no-lugares" son el fenómeno que el antropólogo francés Marc Augé ha calificado como de espacios de la sobremodernidad y el anonimato.

Lina Bo Bardi
MASP, Sao Paulo, 1957-1968.

El MASP (Museo de Arte de Sao Paulo) inaugurado en 1968 se concibe como un contenedor de arte, que debe dinamizar culturalmente la Avenida Paulista. El edificio suspendido por cuatro pilares de acero de color rojo, está realizado en acero y cristal, permitiendo a los viandantes pasar por debajo de este, sin interrupción de la avenida y dando así una solución precisa a la situación dada de altísima a densidad.

Toda la arquitectura de Lina Bo Bardi (1914, Roma-1992, Sao Paulo) constituye una acción "cuerpo a cuerpo con la realidad".[23] Su formación arquitectónica italiana, la sitúa muy cercana a Ernesto Nathan Rogers y Bruno Zevi. Ha buscado, en cierto modo, una actividad artística global asimilable a la de artistas como F. Kiesler, J. Beuys, J. Cage o H. Oiticica. En su obra, realizada completamente en Brasil, después de la Segunda Guerra Mundial, la modernidad y la tradición no eran antagónicas sino la búsqueda de un arraigo de lo moderno en el arte popular

aborigen. Ajena al foclorismo y el populismo, integra un pragmatismo
funcional con una poética de lo cotidiano incluyendo elementos de
índole irracional, onírico, vitalista y expresionista consiguiendo de este
modo humanizar la arquitectura y dotarla de una riqueza y vitalidad irre-
conciliable con las academias, los lenguajes y los estilos a la moda. No
encontramos en ella rasgos de una voluntad utópica de transformar la
sociedad sino de afirmarla en los valores esencialistas de los orígenes,
en la simplicidad de lo primitivo y de la naturaleza, en sus demandas
inmediatas. Lo que se agrega concuerda con el sentido de lo que ya
existía donde ya estaba latente. Este realismo impregnado de experiencia vivida tiene una fuerza incomparablemente mayor que una obra,
llamémosla, intelectualista o abstracta. Se trata de una arquitectura
auténtica sin aditamentos, moderna, pero que no descarta los materiales manufacturados y el trabajo artesanal.

Sin duda el edificio de MASP es la forma de construir un gran equipa-
miento público asumiendo las condiciones del lugar. El gran contenedor
suspendido por los dos grandes pórticos de hormigón libera el suelo
que sigue manteniendo así su carácter anterior de un mirador sobre el
parque metropolitano. La plaza cubierta bajo el edificio potencia esta
cualidad del lugar con vistas, a la vez que optimiza la funcionalidad
urbana y la circulación en la avenida Paulista. El brutalismo estructural
y el color rojo señalan el edificio público y animan el paisaje urbano
mientras que el edificio reniega de otros atributos de monumentalidad
y representatividad. Su pura volumetría no presenta fachada frontal o
representativa ni una entrada monumental sino un simple acceso late-
ral y funcional en un extremo de la plaza que vincula con la plataforma
expositiva del museo. En el museo se expone de una forma que se supe-
dita en la forma del museo concebido como elemento urbano. Al no
poseer paredes expositivas el contenedor de vidrio, las obras se expo-
nen apoyadas sobre un dado de hormigón y sobre el fondo de un panel
de cristal. Equidistantes, igualmente comparables, flotan en el espacio
bajo una luz total. Un nuevo concepto museístico nace así siendo esta
voluntad didáctica y democratizadora del arte, se dice, gran estímulo
sobre las nuevas generaciones de artistas brasileños. Así el defecto
se convierte en virtud, en motivo de innovación y demostración de una
capacidad de afrontar una problemática arquitectónica de modo no
convencional y rechazando toda operatividad normativa.

Lina Bo Bardi, Sesc
Pompéia,
Sao Paulo, 1977.

En el centro de cultura y ocio Sesc Pompéia (Sao Paulo, 1977) muchos
años después, el trabajo de Lina Bo Bardi conservaba su eterna frescu-
ra y juventud. El conjunto industrial existente se destina a albergar nuevos servicios de usos lúdicos: ocio y cultura. Biblioteca, teatro, talleres
y restaurante flotan como cajas debajo de los dientes de sierra de la
cubierta y alberga entro ellas un dinámico espacio de relación hecho de
playa, calle, río y plaza. Con una mínima intervención, se consigue una
máxima transformación del uso y el significado del conjunto.

Las nuevas áreas deportivas de piscina, en el primer nivel, canchas,
pistas polideportivas, gimnasio, vestuarios, cafetería se concentran en
vertical dentro de dos torres de hormigón armado visto. Llaman la atención las ventanas en formas de agujeros practicados en el hormigón
como gestos espontáneos expresionistas y las pasarelas de hormigón

que unen las torres en distintas direcciones otorgándoles un carácter de inmediatez, orgánico, dinámico irregular y poco ortodoxo.

Su propia casa conocida como la casa de vidrio, construida en 1951 en las afueras de Sao Paulo, conjuga los espacios de estar, totalmente acristalados con delgadas carpinterías metálicas y sobre esbeltos pilotis que permiten a la naturaleza entrar dentro de la casa, con los ambientes más íntimos para la existencia volcados al patio interior de jardín tropical y agarrados a la tierra. Esta casa en dualidad conceptiva y constructiva, en parte ligera, diáfana, planta libre, en parte tradicional, subdividida en estancias individuales, cerradas, íntimas, muestra una doble sensibilidad con el entorno natural y la naturaleza humana. Lo humano se aferra a lo habitual a lo conocido, que es reconfortante y tranquilizador.

Bruno Zevi había hablado de una necesaria liberación y desinhibición de los condicionantes, límites y rigores de una arquitectura moderna que había corroborado Rogers diciendo que ser moderno en las condiciones contemporáneas era fenomenizar el sentido vivo de la cultura y la historia. Lina Bo Bardi pudo trabajar con plena libertad en el nuevo mundo fuera de toda norma y gusto establecido sobre una arquitectura que fuera utilitaria e imaginativa, integrada en la realidad. Como también harían Villanueva (Venezuela) o Barragán (Méjico) integró el espíritu creativo y la riqueza performativa del arte popular brasileño como fuentes antropológicas para reformular un lenguaje arquitectónico ampliamente comunicable subrayando la necesidad de recuperar el sentido espacial colectivo más primitivo y preindustrial, un sentido comunitario y existencial para la arquitectura contemporánea en torno a actividades lúdicas pero sin renunciar la técnica moderna.

El sincretismo de Lina Bo Bardi adquiere el carácter de una arquitectura específica alcanzando su valor a partir de su síntesis entre lugar físico, contexto cultural, técnica y cultura moderna superando cualquier dogmatismo o proceder metodológico y confiando a la intuición humana, la empatía que se despliega de una manera más primigenia, sencilla y básica y por lo tanto más auténtica.

Lina Bo Bardi,
Casa de vidrio,
Sao Paulo 1951.

Casa-*topofilia*

"La casa, como el fuego, como el agua, nos permite evocar, fulgores de ensoñación que iluminan la síntesis de lo inmemorial y del recuerdo. En esta región lejana, memoria e imaginación no permiten que se las disocie.

"La casa en la vida del hombre suplanta contingencias, multiplica sus consejos de continuidad. Sin ella, el hombre sería un ser disperso.

"El topoanálisis sería, pues, el estudio psicológico sistemático de los parajes de nuestra vida íntima. En ese teatro del pasado que es nuestra memoria, el decorado mantiene a los personajes en su papel dominante. Creemos a veces que nos conocemos en el tiempo, cuando en realidad sólo se conocen una serie de fijaciones en espacios de la estabilidad del ser, de un ser que no quiere transcurrir, que en el mismo pasado va en busca del tiempo perdido, que quiere "suspender" el vuelo del tiempo. En sus mil alvéolos, el espacio conserva tiempo comprimido. El espacio sirve para eso.

"El espacio llama a la acción, y antes de la acción, la imaginación trabaja, siega y labra... Un topoanálisis exteriorista precisaría tal vez ese comportamiento proyectivo definiendo los ensueños de objetos... trazar la doble geometría, la doble física imaginaria de la extraversión y de la introversión (...) no tiene el mismo peso psíquico. Es a la región de la intimidad, a la región donde el peso psíquico domina (...) Todos los espacios de la intimidad se designan por una atracción (...) su estar es bienestar. En dichas condiciones, el topoanálisis tiene la marca de una topofilia.

"Los valores del albergue son sencillos, se hallan profundamente enraizados en el inconciente; se les encuentra más bien en una simple evocación que en una descripción minuciosa; son conmovedores porque conmueven los estratos profundos de nuestro ser (...) Una voz lejana que todos oyen cuando escuchan en el fondo de la memoria, en el límite de la memoria, tal vez allende la memoria, en el campo de lo inmemorial. Se comunica únicamente a los otros una orientación hacia el secreto, sin poder decir jamás éste objetivamente. El secreto no tiene nunca una objetividad total. En esta vía se orienta al onirismo, no se le realiza (no se le representa… las imágenes flotan levemente).

"Nos situamos en el plano de la literatura y de la poesía donde se escribe un "lugar", se lee un "lugar"…

"El lugar del recuerdo se hace psicológicamente complejo (…) a él se asocian los seres dominantes, los habitantes, sus valores de intimidad se dispersan en él, se estabilizan mal, padecen dialécticas (…) cuántos relatos de la historia (…) nuevos lugares triviales (…) nuestros diagramas de habitar esa casa (…) y todas las demás casas no son más que variaciones de un tema fundamental. La palabra hábito es una palabra demasiado gastada para expresar ese enlace apasionado de nuestro cuerpo que no olvida la casa inolvidable.

"Pero esta región de los recuerdos bien desmenuzados, fácilmente guardados por los nombres de los seres y de las cosas que han vivido en la casa natal (…)

"Estamos aquí en un eje alrededor de cual giran las interpretaciones recíprocas del sueño por el pensamiento y del pensamiento por el sueño. La palabra interpretación endurece demasiado ese movimiento. De hecho, estamos aquí en la unidad de la imagen y del recuerdo, en el mixto funcional de la imaginación y de la memoria. La positividad de la historia y de la geografía psicológica no puede servir de piedra de toque para determinar el ser verdadero de nuestra infancia. La infancia es ciertamente más grande que la realidad (…) Es en el plano del ensueño, y no en el plano de los hechos donde sigue poéticamente viva. Por esta infancia permanente conservamos la poesía del pasado. Habitar oníricamente, la casa natal, es más que habitarla por el recuerdo, es vivir en la casa desaparecida como lo habíamos soñado.

"La casa es un cuerpo de imágenes que dan al hombre razones o ilusiones de estabilidad. Reimaginamos sin cesar nuestra realidad: distinguir todas esas imágenes sería decir el alma de la casa; sería desarrollar una verdadera psicología de la casa. Para ordenar esas imágenes hay dos puntos de enlace principales:
–la casa es imaginada como un ser vertical. Se eleva. Se diferencia en el sentido de su verticalidad. Es uno de los llamamientos de nuestra conciencia de verticalidad;

-la casa es imaginada como un ser concentrado. Nos llama a una conciencia de centralidad. Estos puntos anunciados de un modo abstracto, no es difícil reconocer por medio de ejemplos, su carácter psicológicamente concreto.

"Para Heidegger, (...) la función del habitar se convierte en réplica imaginaria de la función de construir.

"Para Jung hay una cooperación entre psicoanálisis y fenomenología. Revivimos fenomenológicamente (...) en la complejidad de la mezcla de ensueño y recuerdo(...), de la memoria y la imaginación (...) del ensueño poético creador de símbolos (...) de las metáforas (...) de las leyendas.

Las grandes imágenes son siempre a un tiempo recuerdo y leyenda. No se vive nunca la imagen en primera instancia. Toda imagen grande tiene un fondo onírico insondable y sobre ese fondo, el pasado personal pone sus olores peculiares. (...) Sin pasado no hay nada. Los recuerdos de la imaginación desplazan los recuerdos vividos.

Parece que habitando tales imágenes nos devuelven estancias del ser donde se concentra una certidumbre del ser; que habitando imágenes tan estabilizadoras se volviera a empezar otra vida, una vida propia.

Gaston Bachelard: *La poética del espacio*, FCE, Argentina, 3ª edic., 1992, pp. 35-49.

"La arquitectura, arte de la frontera como la música, domestica y civiliza lo salvaje; amansa el fuego hasta convertirlo en corazón de la casa, en hogar; controla y domina el aire, dando orientación y sentido al flujo sonoro que circula y se expansiona (como ruido hostil, rudo y salvaje); levanta sobre el aire sus edificios dominando de este modo el espacio que se abre en el reposo y el tiempo, que se expansiona al compás del movimiento. De este modo ordena lógicamente el ambiente fronterizo antes de proyectarse como mundo, desvelando una dimensión liminar del logos o de "lo lógico" previa a la comparecencia del logos manifestativo (apofántico) que se da figura en la imagen-icono o en el signo. Introduce, pues, sentido en el ambiente, antes de que se derive a mundo de figuración imaginativo icónica. Y ello, en razón de una lógica matemática que introduce medida en la magnitud de los parámetros sensibles espaciales y temporales que conexiona. La cual medida, o numero, sugiere (indirectamente) una cuasi-significación de naturaleza oscura y enigmática (o simbólica), que constituye lo que liminarmente puede traerse al logos de aquello que se encierra en sí (o cerco hermético)".

Eugenio Trías: *La lógica del límite*, Círculo de Lectores, Barcelona, 2003, pp. 94-95.

Alvaro Siza, *Piscina das Marés*, Leça da Palmeira, Matosinhos, Portugal, 1961-66.

El portugués Alvaro Siza Vieira plantea una arquitectura moderna sabiamente adaptada al paisaje, a las vistas y a los objetos artesanales desarrollando en su obra el saber constructivo de la arquitectura tradicional portuguesa, en especial en sus obras tempranas, como el Restaurante Boa Nova (1958-1964) y las Piscinas (1961-1966), ambos en Leça de Palmeira.

Alvaro Siza, Piscina das Marés, Leça da Palmeira, Matosinhos, Portugal, 1961-66.

Construir el lugar

"Los seres humanos se desarrollan con otros en medios concretos y se hacen reflexivos en la medida que el lenguaje les permite acotar la experiencia de sus actos; evolucionan a partir de lo que hacen y que sólo la acción les permite ubicarse en el medio, con y entre los demás, para transformarlo. Actuar es reaccionar, alterando el entorno. La acción es moverse, gesticular, trazar, dejar huellas, desplazar, desplazarse (...). Seres en movimiento que se relacionan con el entorno empujándolo y desplazándose, que viven en grupos y que han inventado el lenguaje. Que ven porque hacen y tienen palabras. Y que con sus palabras nombran su experiencia y se pliegan en su hablar (interactivo) para hacer el tiempo y el mundo. Y que hacen rutinas y actos en el interior de mociones anticipatorias en donde la imaginación (reacción de planificación activa, e imaginaria) empuja positiva o negativamente a hacer. Y donde el hacer desvela novedades, ilusiones y ficciones figurativas narrativas que fundan mundo, la subjetividad y la objetividad. En este medio, la arquitectónica es el espaciar que da sentido, y la edificación, la cáscara que delimita vacíos donde los humanos hacen cosas al abrigo. La edificación se proyecta, se anticipa, y se determina con documentos gráficos, con 'figuraciones' inmanentes, venidas del recuerdo, y de la conjeturación mítica o utópica (verbal o gráfica) que se fijan poco a poco en declaraciones (argumentaciones-concepciones) que luego son tratadas como obras o como prototipos. Un proyecto es, como una obra literaria, una amplitud delimitada (escenario-lugar) donde pueden ocurrir aconteceres sociales. Se proyecta inventando narraciones, desencadenantes de la acción; posiblemente nunca se cumplirán. Argan diferenciaba el modo de proyectar 'compositivo' (desde tipos y relaciones fijas) en el interior de un espacio definido de otro 'determinativo' (de variaciones y desvíos ocasionales en el interior de un espacio arquitectónico plástico, en cierto modo abierto)".

Javier Seguí de la Riva, *Dibujar Proyectar XXX*, Instituto Juan de Herrera, Madrid, 2009, pp. 4-5.

Antoni Coderch, casa
Ugalde, Caldetas,
Mallorca, 1952.

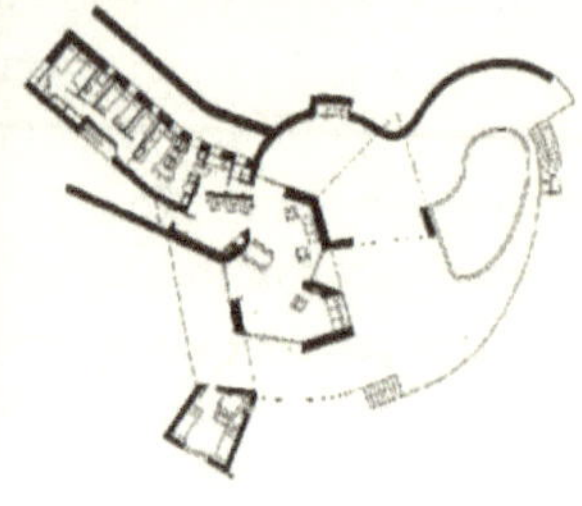

El catalán José Antonio Coderch (1913-1984) ofreció con su obra una síntesis de arquitectura tradicional y funcionalismo. La casa Ugalde en Caldetas, es una forma orgánica que se va amoldando a los condicionantes del entorno: vistas, orientación, arbolado, topografía.

Josep Antoni Coderch.

La relación con el contexto no es exclusivamente una dimensión física y concreta. Tanto los datos tangibles –la topografía, los edificios existentes, los vínculos funcionales– como otros factores indirectos relacionados con el origen, la evolución y los significados del lugar, pueden influir sobre el proyecto.

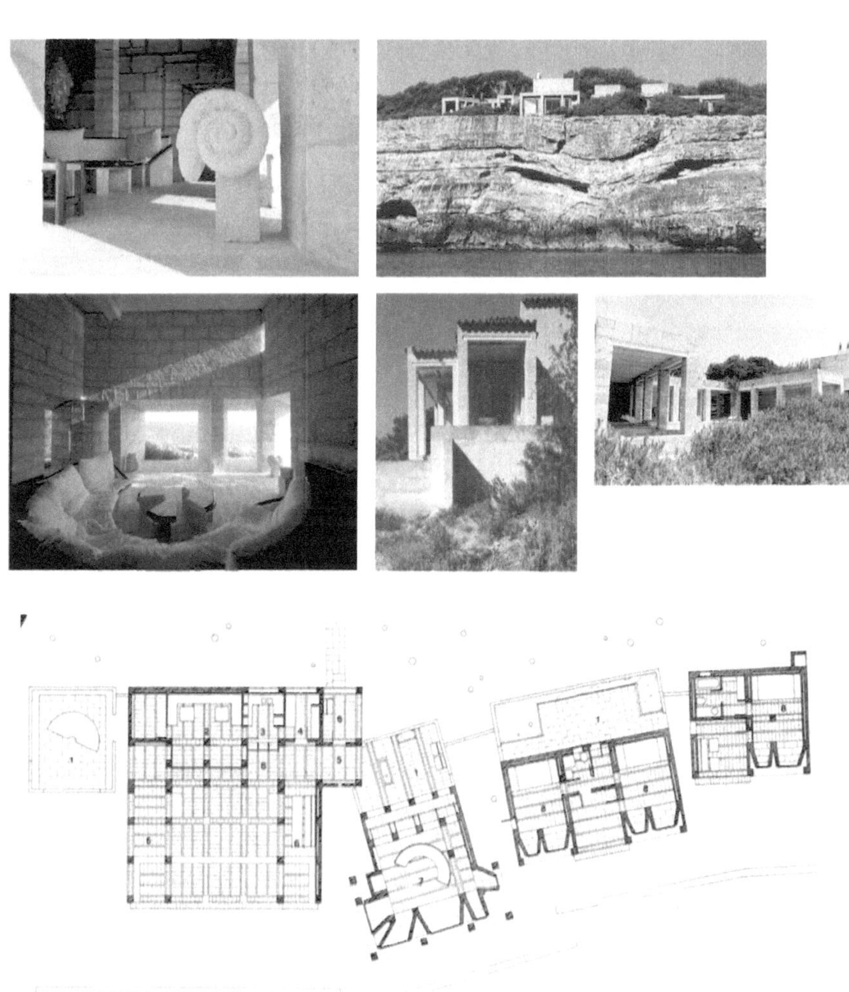

Jorn Utzon, Can Lis, Porto Petro, Mallorca, 1971-72.

La casa busca una relación arquetípica entre la arquitectura y el paisaje mediterráneo haciendo alusión a la arquitectura clásica y al templo,
entre las formas del espacio privado y el espacio público; concilia formas crecederas, organicismo, naturaleza, materiales del lugar, con una
visión lúdica y celebrativa de la vida doméstica.

La orientación de nuestro hacer arquitectónico en construir lugares implica leer, oír, narrar, dialogar. Siempre el lenguaje viene a establecer lo que hace lo arquitectónico, es decir, relacionar la idea con la praxis, el proyecto con el construir, lo nuevo y lo preexiste. Eso es establecer una relación creativa entre el sujeto humano con su entorno, comunicar-comunicarse el mundo interior con el mundo exterior como totalidad espacial, de acuerdo a las dimensiones de su propia y verdadera naturaleza, no sólo como cuerpo físico, sino de acuerdo a su condición intelectual y espiritual. Continuidad biológica, una total fusión entre una realidad no objetivada aún y un individuo aún no subjetivado; voluntad expresiva cuando aún no se apoya a ninguna experiencia visual y lingüística. El hombre y su mundo se construyen mutuamente, y en este espacio construido se fundamentan los valores objetivos y subjetivos de las creaciones humanas.

La emoción que provoca la arquitectura se debe al sentido que organiza el juego formal cuando se comprueba que dicho sentido se vincula con el deseo humano. Eso es posible cuando se manejan ciertos códigos que ordenan el ámbito material. Cada elemento del lenguaje arquitectónico sólo tiene sentido en la red de una sincronía: el orden que obedece a la exigencia de simultanear los elementos en una sintaxis espacial mediante leyes de combinación de elementos (composición), operaciones definidas en un conjunto (espacio). La emoción surge precisamente al ejercer un cierto dominio sobre la contingencia, al remediar entre la experimentación, la revelación por la casualidad, lo imprevisto, lo paradójico, lo arbitrario y la ética transformando la contingencia en compromiso. Proyectar el lugar sería, entonces, remediar entre lo ambiental preconsciente y lo que se muestra y aparece susceptible de ser figurado y configurado, el mundo circundante que hace posible la promoción de figuras en virtud de las cuales, este ambiente puede ser interpretado y puede devenir mundo. La descarga emocional depende de la combinatoria de los elementos elegidos en un determinado diseño formal según un diferencial por el cual en tanto más compleja es esta más abierto es el contenido "semántico" a la interpretación.

En el proyectar todo depende de las emociones que se generan ya que bajo emociones se entienden disposiciones hacia la acción. Según Humberto Maturana,[24] quien investiga en el entorno de la Biología del conocer, las condiciones que generan y producen la realidad, "todos los sistemas y disposiciones racionales descansan sobre un fundamento no racional que es aceptado porque calza con las propias preferencias. Por eso, sólo se puede producir el cambio y la evolución cuando se actúa conforme a las propias emociones y preferencias y no conforme a ideales e ideas de control". El ser humano sólo puede transformar su entorno actuando en libertad, confianza y respeto a los demás; conviviendo en un devenir de coordinación de conductas y donde se genera lenguaje; en este ambiente puede sustanciarse la *autopoiesis*[25] (el hombre se hace así mismo), el hombre se hace a la vez que construye su entorno. Pero desgraciadamente a los hombres de hoy su espacio vital se les da hecho y nada tienen que ver con su configuración.

La construcción del lugar como contrapunto tiene los no lugares donde el lenguaje está silenciado, la presencia es imperceptible y no se genera ninguna comunicación. Son los lugares de paso, de una homogeneidad y una superficialidad en la que la mirada resbala sin fijarse y nada concentra y alerta los sentidos. Sin emoción. En los no lugares el uso del lenguaje es mínimo. En una gran parte de los ámbitos contemporáneos ya casi no hace falta hablar. Donde se usan las tarjetas de crédito, los cajeros automáticos, las autopistas, los supermercados, los aeropuertos, es una clase de vida en no lugares. En esos lugares hay una cierta negación de la libertad individual, dada su tendencia homogeneizadora a través de los productos de consumo, los movimientos reglados, los comportamientos miméticos. La incorporación del ordenador en la vida y el trabajo, la conexión a internet, también son proclives a la generación de no lugares. Uno está solo, pero conectado con todo el mundo y de esta paradoja depende la velocidad de la conversión de un lugar en no lugar. La soledad junto a la gregaria pertenencia a lo global, los espacios virtuales, internet y otros cyber-espacios telepolitanos, suponen una clase de vida en no lugares.[26]

"Construir, habitar, pensar"

Según Heidegger,[27] sólo si somos capaces de habitar podemos construir. El habitar es el rasgo fundamental del ser. El construir pertenece al habitar y al cómo se percibe su esencia. En el antiguo alemán, nos dice Heidegger, construir, *baun*, significa habitar. De allí que la palabra "construir" habla todavía de un modo originario de "habitar". Pero al mismo tiempo, la antigua palabra *bauen* significa abrigar y cuidar. También se dice en alemán, construir un campo de labor y se entiende como cultivar, un viñedo, por ejemplo. Este construir cobija el crecimiento y la maduración mientras que el construir en el sentido de abrigar y cuidar no implica ningún producir. La construcción de buques y templos, en cambio, es un erigir. Los dos modos de construir –construir como cuidar o cultivar y el construir como edificar– pertenecen al habitar. El construir como habitar, es el establecerse para la experiencia cotidiana, lo "habitual", de ahí que detrás de las múltiples maneras en las que se cumple el habitar se retire el cuidar y el edificar. Sin embargo, el hecho de que el lenguaje retire el significado propio de la palabra construir al habitar, testifica lo originario de estos significados y que las palabras esenciales del lenguaje, lo que éstas dicen propiamente, cae fácilmente en el olvido a expensas de lo que ellas mientan en primer plano. El misterio de este proceso es algo que el hombre apenas ha considerado aún pues, el lenguaje le retira lo que aquel, en su decir, tiene de simple y grande. Pero no por ello enmudece la exhortación inicial del lenguaje; simplemente guarda silencio. Este acontecimiento que al principio parece un simple cambio semántico que tiene lugar únicamente en las palabras, es en la realidad algo decisivo: el habitar ya no es experimentado como el ser del hombre y no se piensa nunca plenamente como rasgo fundamental del ser del hombre.

Porque el construir pertenece a lo pensado, el habitar se lleva a la plenitud de su esencia cuando se construye desde el habitar y se piensa para habitar. En palabras de Heidegger, "el hombre se liga a lugares y a través de los lugares con espacios donde descansa el habitar. El modo originario de relacionarse el hombre con el espacio no es otra cosa que el habitar pensando de un modo esencial". "Cuando reflexionamos sobre la relación entre lugar y espacio, pero también sobre el modo de relacionarse el hombre con el espacio, se revela la esencia de los que son lugares y que nosotros llamamos construcciones". El puente, por ejemplo, es un lugar. El puente, coliga. De tal modo que otorga (hace sitio). El lugar que no está presente antes del puente –ya que hay muchos sitios que podrían ser ocupados por el puente y entre ellos uno–, se da como lugar por el puente. De ese modo, no es el puente el que primero viene a estar en un lugar, sino por el puente mismo, y sólo por él, surge un lugar porque el puente coliga. Desde éste se determinan plazas de pueblos y caminos por los que un espacio se constituye. Los lugares otorgan espacios. "El construir no configura nunca el espacio". El construir instala lugares instituyendo y ensamblando espacios. Como el construir produce lugares con la inserción de sus espacios, el espacio como *spatiun* (espacio intermedio) y como *extensio* (extensión) es necesariamente también el ensamblaje de las construcciones. "La esencia del construir es dejar habitar. El cumplimiento de la esencia del construir es el erigir lugares por medio del ensamblamiento de sus espacios".

El lugar además tiene siempre una profundidad temporal que se manifiesta como experiencia subjetiva y colectiva o lenguaje y la arquitectura viene a dar orden a ciertos aspectos del ambiente, a controlar y regular las relaciones del hombre con el ambiente. Participa en la creación del "medio", como marco significativo para las actividades del hombre.[28] La arquitectura como lugar, manifiesta la interacción entre historia, técnica y naturaleza. El lugar existe por una voluntad histórica, antiazarosa, de apropiación y culturización de lo natural.

"Poéticamente habita el hombre"(...) son palabras que Heidegger ha sacado de un poema tardío de Hölderlin y vienen a decirnos que el construir habitual aporta sin embargo profusión de méritos al habitar. Al decir del poeta: "lleno de méritos, sin embargo, poéticamente habita el hombre sobre la tierra". El hombre sólo es capaz de habitar si ha construido ya y si construye de un modo particular y si permanece sobre la tierra dispuesto a construir. "Sobre la tierra, añade al habitar poético realidad y no le deja ser arrancado por la fantasía como mundo de lo literario (...) Lo mismo coliga lo diferente en una unión originaria. Lo igual por el contrario dispersa en la insulsa unidad de lo que es uno sólo por ser uniforme. Siguiendo el pensamiento de Hölderlin, sospechamos la existencia de un camino en el que, por lo pensado de un modo distinto, nos acercamos a lo mismo que el poéta poe-tiza".

Al decir de Heidegger "el habitar del hombre descansa en el medir,
mirando hacia arriba, la dimensión a la que pertenece tanto el cielo
como la tierra". En el medir esa dimensión, el hombre obtiene su garantía desde la cual él mora y perdura". Esta medición es lo poético del
habitar. Poetizar es medir. Pero medir aquí quiere decir que el hombre
percibe por primera vez la medida de la amplitud de su esencia. Aquello que el hombre mide, lo desconocido, tiene que comunicarse tiene
que aparecer, revelarse. Es un desvelar que deja ver lo oculto, extraña
medida para el modo de representación corriente, y en especial para
toda representación que sea sólo científica. Tomar la medida acontece mientras que nunca ésta sea agarrada y arrebatada con nuestras
manos para sí sino tomada por ademanes en un percibir concentrado
que no es otra cosa que estar en la escucha. Pero el hombre es en
tanto que su esencia tiene que ser siempre medida. Del poeta recibi-
mos una indicación sobre desde qué punto de vista hay que pensar el
poetizar como un medir especial distinto a los demás; misterioso. El
poeta no se refiere al medir convencional. En este caso, algo desconocido es recorrido contando las veces que en él cabe una unidad de
medida, con la ayuda de algo conocido, de modo que se convierta en
algo conocido y se mete dentro de los límites de un numero y un orden
abarcables en todo momento.

¿puede, cuando la vida es toda fatiga, un hombre
Mirar hacia arriba y decir: así:
Quiero yo ser también? Sí. Mientras la amabilidad dura
Aún junto al corazón, la Pura no se mide
con mala fortuna del hombre
con la divinidad. ¿Es desconocido Dios?
¿Es manifiesto como el cielo? Esto
es lo que creo más bien. La medida del hombre es esto.
Lleno de méritos, sin embargo, poéticamente habita el hombre
sobre la tierra. Pero más pura
no es la sombra de la noche con las estrellas,
si yo pudiera decir esto, como
el hombre, que se llama una imagen de la divinidad.
¿hay en la tierra una medida?
No hay ninguna

"Cuando Holderlin avista el poetizar como un medir y lleva a cabo éste sobre todo como toma-de-medida, entonces para pensar el poetizar, ante todo tenemos que considerar una y otra vez la medida que se toma en el poetizar; tenemos que prestar atención a ese modo que no descansa en un echar mano sino en un dejar llegar lo Asignado-como-Medida. El filósofo entiende que el poetizar es aquello que habla con imágenes (*Bildern*). Aspecto y apariencia es imagen. La esencia de la imagen es dejar ver algo. No son copias ni reproducciones, las imágenes, son originales. Las imágenes poéticas son imaginaciones (*Ein-Bildungen*), en un sentido espacial: no meras fantasías e ilusiones sino imaginaciones, incrustaciones en las que se puede avistar lo extraño en el aspecto de lo familiar. El decir poético. La imagen coliga en uno claridad y resonancia de los fenómenos, del cielo junto a la oscuridad y el silencio de lo extraño. En su extrañamiento da noticia de su incesante cercanía. La medida de lo conocido-desconocido evidencia lo desconocido igual que la sombra se evidencie por la luz, igual que el claro azul del cielo es el color de la profundidad (...) Cuando nombramos, cuando decimos "sobre la tierra", sólo está de un modo consistente en la medida en el que el hombre toma morada en la tierra y en el habitar deja a la tierra ser como tierra. Pero el habitar acontece sólo si el poetizar acaece propiamente y esencial, y si lo hace en el modo cuya esencia ya presentimos, es decir, en la toma-de-medida para todo medir. Ella es lo propiamente medir, no el mero aplicar los módulos para confeccionar planos. Por eso el poetizar no es ningún construir, en el sentido de levantar edificios y equiparlos. Es el construir inaugural. Es dejar entrar en el habitar del hombre, en su esencia. El poetizar es el originario dejar habitar.

La proposición: el hombre habita en tanto que construye, ha recibido ahora su sentido propio. El hombre no habita sólo en cuanto que instala su residencia en la tierra bajo el cielo, en cuanto que, como agricultor, cuida de lo que crece y al mismo tiempo levanta edificios. El hombre sólo es capaz de este construir si construye ya en el sentido de toma-de-medida que poetiza. Propiamente el construir acontece en cuanto que hay poetas, aquellos que toman la medida de la arquitectónica, del armazón del habitar. El poetizar construye la esencia del habitar. Poetizar y habitar exigiéndose alternativamente el uno al orto, se pertenecen el uno al otro.

¿Habitamos nosotros poéticamente? Probablemente habitamos de un modo absolutamente impoético. La palabra del poeta queda corroborada de modo más inquietante. El habitar sólo puede ser impoético si, en su esencia, es poético. Queda siempre la pregunta si eso ocurre por una falta o por una pérdida o quizá por una sobreambundancia, una sobremedida. De modo que nuestro habitar impoético, su incapacidad de tomar la medida, podría venir de la extraña sobremedida de un furioso medir y calcular.

El hecho de que nosotros moremos de un modo impoético, y hasta qué punto moremos así, es algo que sólo podemos experimentar si sabemos lo que es poético. El poeta interpela al corazón de modo que éste se vuelva la medida. Mientras dura este advenimiento de la gracia (amabilidad), logra el ser humano medirse con la divinidad. Si este medir acaece propiamente, entonces el hombre poetiza desde la esencia de lo poético. Si acaece propiamente lo poético, entonces el hombre mora poéticamente sobre la tierra, entonces, como dice Holderlin, "la vida del hombre", es una vida que "habita", diríamos nosotros, el lugar de la tierra.

La arquitectura como lugar

Dice Piaget:[29] "Nuestra experiencia espacial está basada en esquemas operativos que son culturalmente determinados y comprenden propiedades cualitativas resultantes de la necesidad de una orientación afectiva hacia el entorno". La vida humana se desenvuelve generando modelos que se interpretan en el espacio. Nos convertimos en lo que hacemos. En este sentido, "la vida se interpreta como espacio que toma posesión del entorno". Piaget describe el proceso como una combinación de "asimilación" y "transformación" que implican, por un lado, el cuerpo que se adapta y que, por el otro lado, impone cierta estructura propia y transforma el entorno. La "adaptación" se define así como un equilibrio entre la "asimilación" y la "transformación".

Según Sedlmayr,[30] el carácter del entorno ni es algo subjetivo ni es algo externo del ser humano, sino un aspecto de su presencia en el mundo. Los espacios creados son siempre espacios expresivos, tienden primordialmente a "dar forma a un carácter inteligible". La hazaña del artífice estriba en la creación de un equivalente inteligible, un especie de "diagrama", del complejo particular experimentado por él.

El cometido, entonces, de lo arquitectónico es dar "orden" a ciertos aspectos del ambiente, lo que quiere decir, la arquitectura controla y regula las relaciones humanas con el ambiente. Participa, por tanto, en la creación de un "medio", que es un "marco significativo para las actividades humanas; comprende los aspectos del ambiente que nos afectan (...). Sin duda, la arquitectura constituye, desde el punto de vista físico, uno de los aspectos más importantes del ambiente, y si tenemos también en cuenta los elementos semiarquitectónicos como carreteras, espacios libres y parques, obtenemos una "trama" de componentes interrelacionados que están conectados prácticamente con todas las actividades humanas. "La arquitectura participa en estas actividades configurando un marco práctico y un trasfondo psicológico adecuado, expresando lo que en este marco sucede y tiene importancia para la comunidad. Por supuesto puede "participar" también configurando un marco inadecuado y desafortunado".[31]

Originalmente todos esos aspectos estaban unificados en una necesidad general de protección y abrigo que asegurase la supervivencia humana. Las formas primitivas de la construcción eran resultado de la necesidad de protección. Tanto los aspectos físicos como los sociales y culturales, –ofrecer protección contra un entorno físico peligroso, proporcionar seguridad, ser expresión visual del grupo, proteger contra lo hostil y "colaborar" con las fuerzas benéficas–, se unificaban en una necesidad única, la de protección. La protección física, la estabilidad social –como nuevo problema de las primeras civilizaciones– y la tradición cultural en forma de "concepciones" religiosas primitivas de la vida, se unían en una síntesis mágica –objeto intermediario–, que difícilmente puede experimentar el hombre moderno...

Pero desde las primitivas cabañas y tiendas se cumplían más funciones prácticas que el abrigo sólo no podía satisfacer. Además daban expresión visual a la estructura social. En las primeras civilizaciones era imposible distinguir entre lo práctico y lo religioso (mágico) y la casa muy pronto adquirió un significado que trascendía su propósito puramente práctico.

El recinto y la cabaña se presentan como las primeras expresiones del intento humano de dominar el entorno, cambiándolo de acuerdo con sus propios deseos y necesidades. Más tarde los cometidos se van diferenciando y especializando y este desarrollo da lugar a un "orden visual". La diferenciación consistía, sobre todo, en asignar un papel simbólico a ciertos edificios (templos, iglesias, palacios, ayuntamientos, etc.) mientras que otros seguían siendo puramente prácticos.

Para Norberg–Chulz,[32] la necesidad del ser humano de establecer relaciones vitales con el ambiente que le rodea es una necesidad de aportar sentido y orden a un mundo de acontecimientos y acciones. "Se adapta fisiológica y tecnológicamente a las cosas físicas, influye en otras personas y es influido por ellas, capta las realidades abstractas o "significados" transmitidos por diversos lenguajes creados con el fin de comunicarse. "Su orientación hacia los diferentes objetos puede ser cognoscitiva o afectiva, pero en cualquier caso desea establecer un equilibrio dinámico entre él y el ambiente que le rodea".

Talcote Parsons dice:[33] "la acción está constituida por estructuras y procesos mediante los cuales los seres humanos forman intenciones significativas y las llevan a cabo con mejor o peor éxito en situaciones concretas". La mayor parte de las acciones del hombre encierran un aspecto "espacial", en sentido de que los objetos orientadores están distribuidos según relaciones tales como "interior" y "exterior"; "lejos" y "cerca"; "separado" y "unido", "continuo" y "discontinuo (...). Para poder llevar a cabo sus intenciones los humanos deben "comprender" las relaciones espaciales y unificarlas en un "concepto espacial".

El espacio existencial del hombre consiste siempre en lugares[34] y la actividad básica de la arquitectura es la "utilización del lugar". La arquitectura necesita "fijar el *genius loci* mediante construcciones que acopien las propiedades del lugar y las acerquen al ser humano. Las características topográficas y paisajísticas confieren un carácter singular al lugar con el cual la arquitectura reacciona conjugando fuerzas naturales y artificiales y generando un entorno expresivo.

Kevin Lynch,[35] define un lugar como un centro o un "nodo". Un lugar se percibe espontáneamente como centro; está subjetivamente centrado. No es que la noción de centro se establece en medio de una organización general, sino que ciertos centros están situados externamente como puntos de referencia en el ambiente circundante (como queda patente en antiguos mitos y leyendas). Cualquier lugar contiene "direcciones" al estar "situado" dentro de un contexto más amplio. Se puede leer como "meta" o como un "punto de partida".

La configuración de un lugar se basa en los principios de la Gestalt de "proximidad" y "cierre". La proximidad implica una concentración de elementos y el cierre, por otra parte, determina un espacio que queda separado de sus alrededores como un lugar particular. Estos lugares existen en la naturaleza; por su configuración se les han atribuido significados mágicos y sagrados. Una cueva o un claro del bosque o una colina expresan "un centro extensamente indicado por una masa concentrada que puede tener desde la forma de una simple piedra erecta hasta la de una construcción más compleja". "La concentración de masa" para indicar un centro encuentra en la pirámide egipcia su más fuerte expresión. La pirámide no es un lugar para actividades humanas sino la meta del camino de la vida. La concentración en ese caso se ve reforzada por una superficie envolvente continua y por la simetría; también se aumenta por el aislamiento.

"La dirección vertical" expresa una ascensión o una caída y desde tiempos remotos ha sido dotada de un significado particular; ha sido siempre considerada la dimensión sagrada del espacio pero también expresa "la capacidad humana de vencer la naturaleza" y su poder de creación. Bachelard también ve como propiedades básicas de la casa la "verticalidad" y la "concentración".[36]

Cuando una masa se levanta respecto a su alrededor, inevitablemente se genera un "eje vertical" en torno al cual se organiza el espacio. El aislamiento de una ciudadela, la Acrópolis de Atenas, por ejemplo, no solo expresa su sacralidad con respecto a la comarca profana que la rodea sino que se convierte en su centro. Las ciudades medievales de Europa tienen ese fuerte carácter de lugar por la combinación de concentración de masa, cierre y acento vertical.

Pero algunos lugares convencionales de la actividad humana también tienen raíces tan antiguas como los que se generan por la concentración de masa (simbólica). El cierre o "cerco" es la primera tentativa real de tomar posesión del entorno. "La primera intuición arquitectónica importante del ser humano respecto a su entorno –dominado por fuerzas mágicas– fue la definición del terreno a través de un cercado. El témenos, por ejemplo, es el acto propio de definición de un recinto que adquirió una relación especial con esas fuerzas. En ese lugar residirían o serían expulsadas. Ese recinto fijaba los límites inseguros emocionalmente entre el yo y el mundo exterior". La mayoría de las culturas han creado recintos que expresan el tipo de relaciones sociales, los credos religiosos y las formas de poder político. Si la propiedad arquitectónica esencial se expresa a través de la delimitación que asegura la protección tanto física como psicológica, la masa-centro tiene un carácter ideal y abstracto mientras que el cercado tiene fuertes implicaciones sociales; expresa la reunión y los propósitos comunes.[37]

Si la verticalidad tiene algo que sobrepasa el mundo real, las direcciones horizontales representan el mundo concreto de la acción humana. Todas las direcciones horizontales son iguales y forman un plano de extensión infinita. Por consiguiente, el modelo más sencillo del espacio existencial del hombre es un plano atravesado por un eje vertical. Sobre el plano se eligen y se crean "caminos" que dan a su espacio existencial una "estructura" más particular. La horizontalidad implica direcciones, caminos, itinerarios.

La toma de posesión del hombre, su ubicación en lo que tiene alrededor significa siempre un apartamiento de su lugar de residencia y un viaje a lo largo de un camino que le conduce en una dirección determinada por un propósito o una imagen que tiene del ambiente que le rodea."Las regiones" son áreas cualitativamente definidas y conocidas; rodeadas por un mundo relativamente desconocido; son lugares definidos por su cerramiento o por la proximidad y semejanza de los elementos constituyentes. No obstante hay una distinción entre "lugar" y "región" ya que esta última comprende áreas a las que no pertenecemos y que no son metas. Puede definirse la región como un "terreno" relativamente sin estructurar, en el que aparecen lugares y caminos como "figuras" más prominentes. Así nuestras imágenes, nuestros esquemas mentales adquieren coherencia cuando se leen como lugares, caminos y regiones.[38]

Habitar el lugar

Habitar el lugar según R. Morales es el paso del orientado al situado
que se efectúa por medio de operaciones arquitectónicas que conclu-
yen por darle "sede", "sitio", "local" con atributos reconocibles, con las
que obtiene aquietamiento. El quehacer arquitectónico no sólo deja el
individuo situado técnicamente, sino que lo hace situable, reconocible,
según la modalidad fáctica de sus obras que patentizan su manera de
ser y de vivir. Porque las acciones arquitectónicas, *sensu stricto*, no
comienzan realmente en donde el hombre señaliza extensiones, para
distinguirlas de la vastedad mediante prácticas e indicaciones universales y, por ello, neutras –con oficios de topógrafo, agrimensor o geo-
desta–; más bien podemos pensar que sólo cuando tales "señas" dan
"señales de vida" propia, particularizada e inalienable de grupos humanos y de personas, suponen, inicialmente arquitectura.

> "Ahora bien, de la vastedad cabe tener presentes otros aspectos, aje-
> nos a los puramente extensivos –y a los que el hombre responde con
> acciones– en los que no sólo se nos revela "lo vago", según el sesgo
> espacial de holgura o amplitud desorientadoras sino como "holganza",
> "vacación", "improductividad" e "inanidad", que nos permiten estimarla
> como lo in-erte, ocioso, y disponible por excelencia.
>
> Propuesta de tal manera, la vastedad es, literalmente, vaciedad. Seme-
> jante vaciedad se nos presenta como "desolación" en aquello que
> sabemos solitario, por insólito e infrecuente. Y así como a la condición
> primordialmente extensiva de la vastedad se le oponen determinadas
> prácticas, reductoras y situantes, pueden considerarse otras que
> contrarían el carácter de inanidad y desuso. Pues frente a lo insólito
> de la vastedad el hombre pone en juego determinadas "solencias",
> correspondientes a sus distintas maneras de "frecuentar" y "poblar",
> que representan modalidades intensificadoras, "densificadoras" de la
> vastedad, por las que se la priva de su condición pasiva y vacía, acti-
> vándola, ocupándola. Ateniéndonos a esto, se dibujan algunas de las
> posibilidades arquitectónicas: unas, las que conducen a la quietud y
> convierten la arquitectura en la técnica –el arte– de estar, y otras que
> constituyen la *dynamis* de la arquitectura y establecen su raíz en la fre-
> cuentación, es decir, en los usos constantes, asiduos (...).

Estar, situarse arquitectónicamente implica haber pasado de tener un punto de referencia a obtener un sitio distinguible por su aspecto. En tal sentido, situarse representa una elección del sitio y, además, supone llenarlo de alusiones "biográficas". La conversión del espacio genérico inusitado de la vastedad en espacio con lugares "producidos" y "aclarados" mediante prácticas –que originalmente pudieron ser religiosas–, representa el primer paso propiamente arquitectónico. Esta "dinámica" requiere, ante todo detenerse. La detención en determinado lugar lo convierte en "un paraje". Pero esta detención no supone pasividad sino que nos conduce a otras formas de la acción. Aquel que permanece en un lugar obtiene en él su "sede", su asiento, su residencia, haciéndose así "sedentario"; pasa del tránsito al hábito. Los hábitos con los que vive son medios de desentenderse del entorno inmediato, para ser él mismo: un ser que suele arriesgarse en lo inhabitual del pensamiento o de la acción. La sede le permite di-sidir, apartarse de su lugar, del lugar que re-side y la posible proyección de esa disidencia hacia las cosas y el pensamiento hasta el punto de trascenderlas. Este carácter disidente propio de nuestra naturaleza explica la condición proyectante del hombre que se aparta del presente en que vive para arrojarse hacia el futuro que intenta anticipar, configurándolo de antemano. Por tanto, el sedentarismo humano no puede entenderse como mero acomodo (...).

Estar y ser en distintas lenguas quedan confundidos. Estar en su sesgo arquitectónico, supone "establecerse" con la consecuencia inmediata y directa que supone "establecimientos" de diversa índole, como las estancias, los establos, las estaciones (...). En cuanto a la casa como lugar de per-manencia, *maison* o mansión denota *mansio*, centro de aquietamiento y remanso para el hombre, re-poso que origina nuestra posada y nuestros aposentos.

El hecho de "estar" –establecerse– "densifica" el lugar, no solo por la presencia asidua del que está sino porque obliga "estatuir", a crear o "construir" lo que no hay. Estar –establecerse– en determinado lugar mediante acciones arquitectónicas denota el hombre como centro –centrado–. La arquitectura origina distintos géneros de "centros", caracterizados por las distintas modalidades de la concentración –convergencia– humana hacia ellos. Semejante convergencia es de índole contraria de la que produce la perspectiva a consecuencia de la adopción de un punto de vista único. El espacio perspectivo tiene una condición puramente visual, remisiva, a lontananza, efusiva y por tanto distinta del espacio habitable. Los "centros" arquitectónicos constituyen lugares de convergencia originados por nuestros intereses, nuestras necesidades y nuestra afectividad, apreciables por su forma, sus atributos y su designación. Es más, podemos evocarlos y recordarlos.

Cuando el hombre centra sobre un lugar su afectividad, "la querencia" que nos hace tender recurrentemente a los lugares queridos, se convierte en hogar, en señas de su identidad y él se convierte en contrapartida del hombre errante a habitante.

La imagen del errante de quien no sigue ningún camino, o más bien de quien no lo halla, porque no lo tiene o porque no lo hay es la imagen del que vive en el error; vaga; se encuentra perdido; no tiene a qué remitirse ni a qué recurrir.

El hombre orientado adquiere sin embargo carácter dominador. Cabe decir que empieza a ser incisivo, tajante. Los trazos remisivos que establece en la vastedad, a la par que lo dirigen hacia puntos situantes, dividen el campo espacial en sectores. Así que cuando el hombre se desplaza orientado, en la vastedad, y la orienta y la dirige, la rige. La rige seccionándola en "regiones" que le permiten conocerla fragmentándola en partes donde además puede situar, personas y cosas en tal o cual parte (...).

Las acotaciones reductoras que el hombre establece ante la vastedad, hacen que frente a lo "continuo" aparezca "lo contiguo" en la compartimentación... la vecindad... la convivencia (...).

La arquitectura nos hominiza, llevándonos hacia nosotros mismos pero debe omitirse que el ser consigo y para sí supone la contrapartida de estar con los demás y de ser para ellos, humanizándonos. A este respecto la arquitectura construye los distintos escenarios en los que el hombre aparece, haciéndose presente tanto a sí mismo como al próximo. Hemos de considerar que la protección y el amparo que nos ofrece deben comprenderse no sólo según el cuidado y la defensa frente al contorno incierto, sino, sobre todo, como medios con los que logramos ser el que somos como personas.

La arquitectura como técnica de estar es, en este sentido, técnica de las
estructuras estables para las distintas posibilidades de la habitación y
de las acciones humanas; aspecto que nos dé fijeza en determinados
lugares, porque hemos levantado en ellos estructuras estables. Puesto
que alzar estructuras requiere afianzarlas sabiamente, adecuadamente,
la arquitectura se nos revela, de tal manera, como una "afirmación": la
del hombre que, al mantener firmes las fábricas erigidas, se afinca en
definitiva sobre determinado terreno. No es, pues, el encapsulamiento
especializado de actividades usuales o habituales lo que caracteriza
plenamente a la casa y a la arquitectura sino este sentido general, de
dominio, sin cuyo reconocimiento no se explica la profunda acción del
hombre sobre el entorno a partir de lo íntimo. El que se establece y permanece en una sede transforma este lugar.

Pero no es solo la permanencia, la sola presencia del hombre que
frecuenta un lugar origina arquitectura, antes, incluso, e independientemente de haber efectuado cualquier actividad constructiva. La frecuentación es de índole intensificadora y puede corresponder a lo que
es contrario al establecimiento: los desplazamientos. No hay establecimiento sin frecuentación, pero frente a los establecimientos humanos
que procuran el reposo, deben considerarse aquellos en que subsiste la
actividad propia de los desplazamientos".

Morales, J. R., *Arquitectónica*. pp. 177-185.

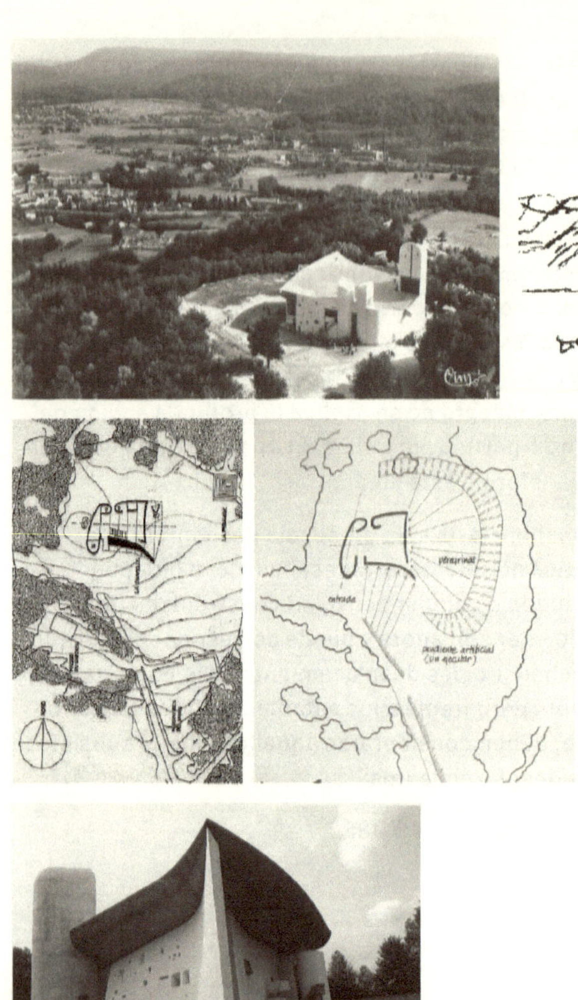

Construir el lugar para Le Corbusier es "comprender" las relaciones espaciales y unificarlas en un "concepto espacial".
"Un lugar se define como centro y cierre. Indica una concentración de elementos (masa) y aislamiento de sus alrededores (cerco). Mientras que la masa-centro tiene un carácter ideal, abstracto, el cercado tiene fuertes implicaciones sociales; expresa la reunión y los propósitos comunes."

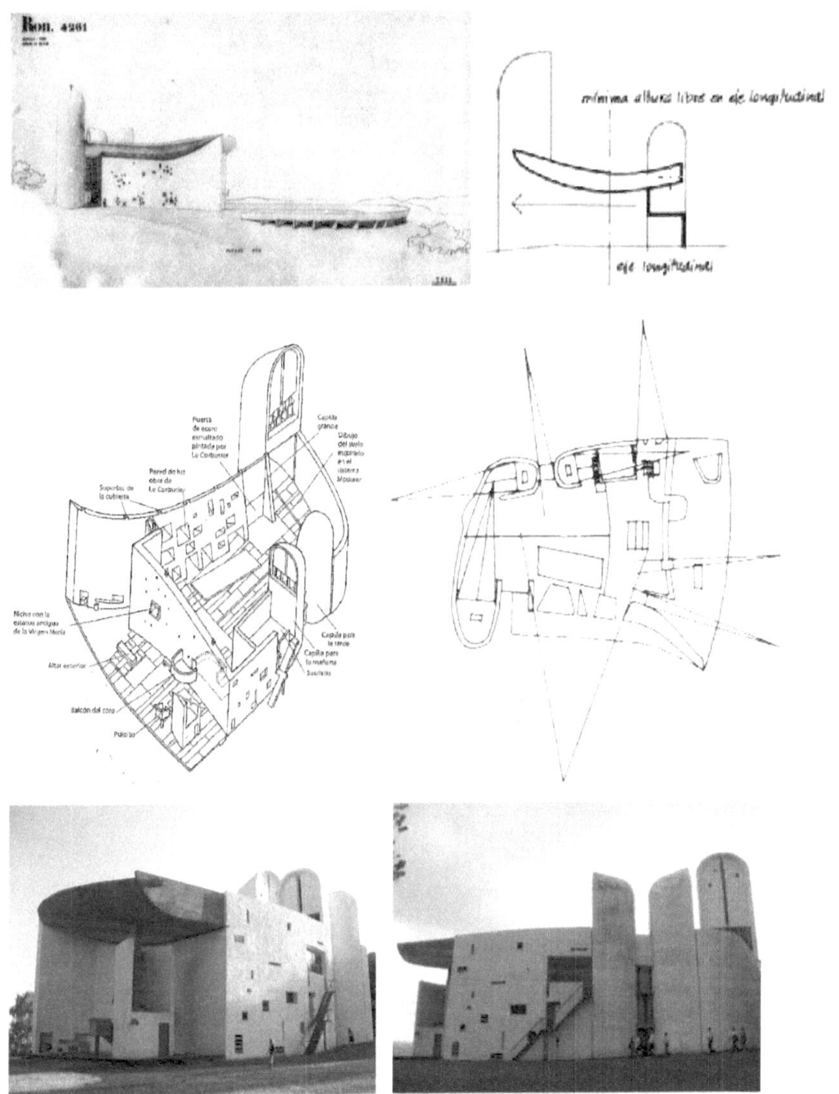

Le Corbusier, Notre-Dame-du-Haut, Ronchamp, 1950-1955.

"El lugar como centro implica direcciones. Si la vertical tiene algo que sobrepasa el mundo real, las direcciones horizontales representan el mundo concreto de la acción del hombre."

Un lugar es algo "distinto e inolvidable". Tanto los lugares naturales como los artificiales construidos por el hombre combinan ese carácter singular con una fuerte definición topológica que los hace fijarse en la memoria.

Alvar Aalto, Ayuntamiento de Säynätsalo, Finlandia, 1948-52.

Una actitud contextualista contiene una cierta renuncia a la originalidad y la innovación, especulativa y experimental típica de las vanguardias, a la vez que descree a la potencia paradigmática y didáctica del pensamiento tipológico. Lo contextual es siempre particular y específico.

Arquitectura moderna y lugar

En la arquitectura moderna, desde J. N. L. Durand hasta Louis Kahn
pasando por los maestros del Movimiento Moderno, la autonomía de
la forma abstracta relega en un plano irrelevante el lugar. La arquitectura organicista, incluso, cuyas raíces se podrían encontrar en el Art
Nouveau, y en el Expresionismo alemán, que desarrolla Frank Lloyd, se
basa en tramas geométricas y poligonales que relacionan la obra con
el entorno natural, amoldando el espacio al programa funcional y utilizando materiales tradicionales. Wright integra, como sabemos, el manifiesto de Sullivan "la forma sigue la función". Pero, el espacio abierto y
extenso que Wright descubre mediante la destrucción de la caja com-
partimentada convencional, es un espacio racional de una concepción
basada en la posición del espectador, en la experiencia visual.[39] El paradigma moderno de "la arquitectura y de la ciudad en la naturaleza" consiste en una relación purovisualista-formal entre arquitectura y entorno.
Le Corbusier al construir la Capilla de Ronchamp (1950-1955) mantiene
una relación genérica-abstracta y no empírica con el lugar expresada
por la metáfora del barco –presente en buena parte de la obra de Le
Corbursier– que alude la idea de una arquitectura anclada en el entorno.

En los años treinta, tras la eclosión de las vanguardias, tanto algunos
de los maestros –el mismo Le Corbusier– como los miembros de la
siguiente generación –Oscar Niemeyer, Lucio Costa, Arne Jacobsen,
Josep Lluís Sert– recurrieron a las figuraciones populares, contempla-
ron las arquitecturas vernaculares e intentaron aprender de los detalles
técnicos tradicionales. Ante una incipiente conciencia de la insuficien-
cia del lenguaje y de la tecnología moderna, estas referencias vernaculares tenían como objetivo otorgar "carácter", "sentido común" y una
carga emotiva que emanaba de la arquitectura popular, cercana y real.
En este sentido, hubo una gran influencia de la periferia con respecto al
centro al que se localizaba la actividad de las vanguardias pero, a la vez,
tuvo que ver con un afán internacionalista y sincretista que se genera en
el propio corazón de las vanguardias. Le Corbusier, por ejemplo, en sus
viajes en los Balcanes, Turquía y Grecia en 1911, Latinoamérica en 1929
(Buenos Aires, Sao Paulo y Río de Janeiro), Marruecos y Algeria (1931),
Oriente (India, 1951), muestra gran admiración tanto por la arquitectura
popular como por las formas de la naturaleza; empieza a considerar el

valor de la naturaleza y de las características del lugar. El desierto, el oasis, la Casbah, la arquitectura clásica del mediterráneo, encuentran en Le Corbusier una apreciación puro-visual que ejerce una intensa estimulación, reflejada en sus proyectos de casas patio, volúmenes blancos, y sombras fuertes. Pero la actitud lecorbusiana tenía cierta analogía con el Renacimiento. Trataba, en realidad, de instaurar el rol de la arquitectura moderna sobre valores universales y atemporales como la atemporal y eterna arquitectura del Mediterráneo.

En regiones periféricas como España, la actividad tardía respecto a las vanguardias europeas, de los arquitectos del GATEPAC y en Cataluña del GATCPAC, entre 1931 y 1936, generó una arquitectura con claras referencias contextuales a la arquitectura popular del Mediterráneo.

La cultura del organicismo desarrollada por los arquitectos nórdicos encabezados por Alvar Aalto y continuada por Jorn Utzon y otros, es la que va a introducir con mayor fuerza la relación de la arquitectura con el lugar. La obra de Aalto se apega en el mundo de la naturaleza escandinava, sus formas y materiales. Erick Gunnar Asplund desarrolla una obra de síntesis de la tradición clásica y el espacio moderno que se vehiculan precisamente a través de la sensibilidad por el lugar, integrando los mecanismos de la estética pintorequista. La Capilla del Bosque (1918- 1920), el Cementerio y Crematorio del Bosque en Estocolmo (1935-1940), son buena prueba de esta interpretación empírica y sensible del paisaje nórdico.

La corriente del "nuevo empirimo" nórdico que aparece en los años cuarenta, se reafirma en esta posición de respeto hacia el lugar –clima, topografía, materiales, vistas, paisaje, arbolado– y de insistencia en los valores psicológicos de la percepción del entorno. Con antecedentes que se pueden encontrar en la estética del pintoresquismo holandés e inglés, que arrancando de la imitación de las pinturas de Claude Lorrain y Nicolas Poussin, se desarrolló tanto en jardines, en mansiones y en intervenciones urbanas del siglo XVIII o, las pinturas de Alexander Cozens, John Constable, William Gilpin y J. M. V. Turner donde el paisaje constituía otra de las raíces de este gusto por el lugar, esa corriente sigue la práctica de lo *picturesque*, pues el paisaje se modelaba como reproducción de una pintura que le ha precedido. En su origen estaba la representación, la idea de lugar era una representación. Eso se podía

interpretar de maneras distintas. En la pequeña escala se interpreta
como arquitectura, es decir, como una cualidad del espacio interior que
se materializa en la forma, la textura, el color, la luz natural, los objetos
y los valores simbólicos. En la gran escala se interpreta como *genius
loci*,[40] como preexistencia ambiental, como objetos reunidos en el lugar,
como articulación característica de las diversas piezas urbanas –plaza,
calle, etc.– y su relación con el entorno. Es decir, como paisaje caracte-
rístico. Una ulterior y más profunda relación entendería el concepto de
lugar, precisamente, como la adecuada relación entre la pequeña escala
del espacio interior y la gran escala de la implantación.[41]

Dentro de la modernidad coexisten al menos, dos tradiciones distintas
de relación entre arquitectura y paisaje: la ciudad-jardín de Howard y
las primeras "siedlungen" alemanas integradas en el paisaje y la que
momentáneamente se impuso y triunfó, representada por el racionalismo, la "nueva objetividad" y el mismo Le Corbusier en sus primeros
planes urbanísticos. Esta tradición dominante se basaba en la omnipre-
sencia de la arquitectura y en el poco respeto por las condiciones del
lugar. La Carta de Atenas sería la máxima expresión de esta corriente
racionalista y tecnocrática que ha servido de base para el urbanismo de
los tejidos residenciales de baja calidad. De hecho, la reciente recuperación de la idea de lugar forma parte de la crítica a la manera de cómo
se ha realizado la ciudad contemporánea. Y la revalorización de la idea
de lugar estaría estrechamente relacionada con el inicio de la recuperación de la historia y la memoria como valores que el espacio del estilo
internacional rechazaba.

A partir de los años 50, Team X, pretende practicar una modernidad
adaptada que contiene sutiles reelaboraciones del material contextual
como el uso de los soportales y los zócalos comerciales, las relaciones lleno-vacío de las fachadas, la disposición privado-público de los
espacios abiertos, el uso de los materiales históricos como la piedra y
el ladrillo, etc., mientras que conservan ciertos principios pluralistas
propios de los CIAM. Las actuaciones de A. Van Eyck, por ejemplo, en
Ámsterdam ligadas a la construcción de vivienda y equipamientos públicos, tienen esta cualidad contextualista de renuncia y particularidad.[42]

En las obras de arquitectos de la llamada "Tercera Generación" rena-
ce el interés por la arquitectura vernacular junto con esta sensibilidad

por el lugar, tomando en algunos casos referencias en la arquitectura mediterránea y entendiendo que el instrumento básico para integrarse al lugar es el de utilizar los materiales y las tipologías espaciales propias del contexto. La idea de que la arquitectura tiene que deducirse de la ciudad mediante la correcta interpretación de ella también empieza a tomar cuerpo. *La arquitectura de la ciudad* de Aldo Rossi,[43] libro publicado en 1966, es sin duda la teoría más influyente en este momento que se da un giro radical en el entendimiento de los hechos urbanos.

La arquitecta Lina Bo Bardi que desarrolla su trabajo en Brasil interpreta en sus proyectos aspectos de la estructura profunda de la ciudad y las dinámicas sociales.

Aldo Van Eyck,
Hubertus house,
Amsterdam,
1959.

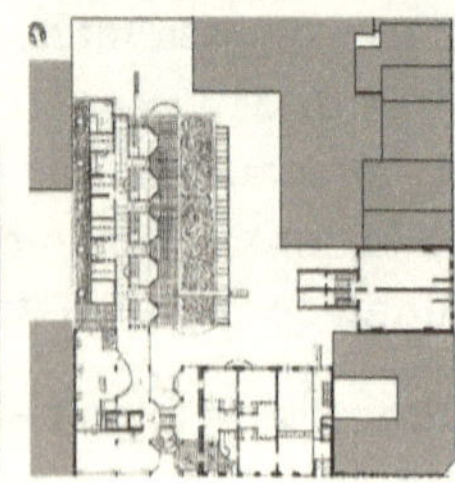

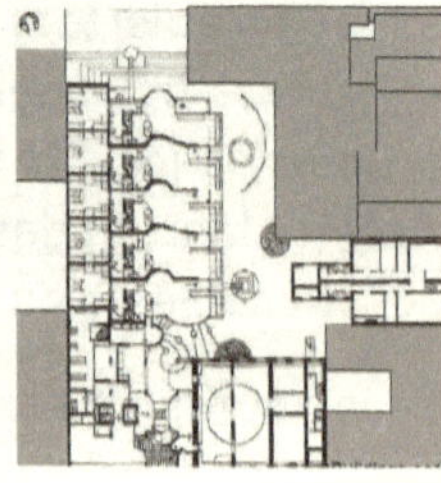

Hubertus House de Van Eyck se encuentra en línea con la importante tradición de la modernidad humanitaria fundamental para la arquitectura holandesa del siglo XX. La casa que tuvo un gran éxito social, es claramente el resultado de su particular forma de diseño que tiene que ver con el espíritu y el establecimiento de una escala humana, la comodidad, el ambiente alegre, gracias al color; tiene el aspecto y se siente como "hogar" abierto. Totalmente despojada de carácter institucional, la casa destinada a acoger niños y madres solteras se abre al interior de la manzana en un tranquilo y agradable patio donde dan unas pequeñas aulas y donde los niños pueden jugar sin peligro en pleno centro de la ciudad. En las plantas superiores hay una serie de pequeños apartamentos para las madres y los niños. Hacia el exterior la casa mantiene un lenguaje diferenciador con respecto a las fachadas eclécticas adyacentes, hecha de materiales populares y pleno color, pero no es indiferente a sus leyes compositivas y como puede advertirse en el dibujo del alzado, trata de establecer una continuidad, tiene una vocación urbana.

Aldo van Eyck, que formaba parte del equipo técnico municipal, muy influenciado por el situacionismo[44] y el grupo CoBrA,[45] transformó de forma radical una cantidad de solares urbanos vacíos existentes en Amsterdam para juegos de niños. Con el baby-boom de la posguerra y las primeras políticas de inserción de tráfico rodado en el centro de Amsterdam, frente a la escasez de espacios libres para que jugaran los niños, el departamento de diseño urbano del Ayuntamiento decidió aprovechar solares vacíos para acometer intervenciones mínimas, ligeras, que utilizaran estos espacios de forma temporal, y convirtiéndolos en espacios de juego para los niños. Aldo van Eyck transformó estos espacios mediante la incorporación de estructuras sencillas, objetos simples como bloques de hormigón prefabricados, estructuras tubulares de acero y areneros que, a través de la repetición y re-combinación en cada una de las ubicaciones, permitieron crear una gran diversidad de situaciones, con gran capacidad de adaptación a los distintos solares. Estas áreas de juegos de niños fueron de gran belleza, efectividad y sencillez; se exportaron incluso fuera de Amsterdam y llegaron a formar parte de la memoria colectiva holandesa de varias generaciones.

Todos los lugares eran apropiados para
los parques de juego; solares vacíos llenos
de escombros se transformaron en nuevas
zonas de la ciudad para el juego de los niños.

Huecos entre medianeras de los edificios derruidos, servían para la nueva implantación de
los parques de juego. Dijstraat, Ámsterdam centro, 1954.

Zeedijk, Ámsterdam centro, 1955-1956.
Mural pintado por Joost Van Roojen, 1958.

Plazas y espacios pavimentados sin ningún uso se transformaron en parques de juego.

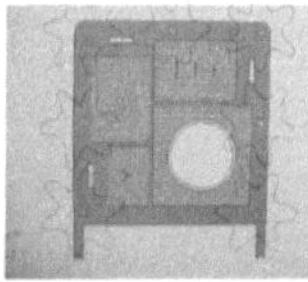

Zaanhof,
Spaarndammerbuurt,
Ámsterdam Oeste,
1948-1950.

Jacob Thijsseplein, Ámsterdam Norte, 1949-1950
Saffierstraat, Ámsterdam sureste, 1950-1951.

Aldo Rossi, Quartier
Schätzenstrasse, Berlin, 1998.

Aldo Rossi, en el *Quartier Schätzenstrasse*, utiliza como concepto la estructura urbana histórica: la división del suelo en pequeños lotes. Antes de 1990 este solar era parte del complejo del muro y antes de la guerra en él había imprentas de periódicos; se llamaba el distrito de los periódicos. Con esta intervención Rossi pretende revelar en el aspecto fragmentado de la forma del edificio que es único, la antigua estructura del lugar consistente en parcelas menores destinadas a las naves y oficinas de las imprentas.

La nueva conciencia ambiental

En la sociedad de la información y del consumo hoy siguen prevaleciendo los valores simbólicos sobre los valores inherentes a las cosas. La arquitectura moderna epigonal sigue en la tarea de la creación de objetos-imágenes –de pretendida notoriedad– y en el reciclaje y adaptación interrumpida de los modelos modernos en versiones comerciales. A pesar de la homogeneidad y el mismo carácter cartesiano que las estructuras modernas, el espacio contemporáneo proporciona sin embargo la impresión de haberse convertido en un espacio muy libre. Un infinito número de símbolos que parecen flotar, pueden asumir cualquier significado imaginable y pueden cambiar de significado independientemente de su estructura. Como todo símbolo estimula el deseo de consumo, se podría llamar el "mundo de las formas libres" al espacio de la codicia liberado por el flujo de la información; un espacio que garantiza las dinámicas de la sociedad de consumo y las respalda. Dicho espacio que garantiza las dinámicas de la sociedad actual, muestra que no está ligado necesariamente a la naturaleza y la cultura".[46]

Frente a esta situación aflora una nueva sensibilidad ambiental que reconduce la reflexión sobre el concepto de lugar. Según Ezio Manchini, se trata de inventar un sistema nuevo de artefactos como entidades socioculturales, contextos significativos y comunicativos que establezcan relación con el lugar como experiencia emotiva y afectiva; reconstruir un lenguaje de las formas, es decir fijar relaciones más estables entre significados y significantes. Proyectar formas identificables, y producirlas con una perspectiva de más larga duración, que supere la perspectiva de la moda y del consumo. Dar respuestas a necesidades vitales y experiencias sensibles y que no sean representaciones de realidades abstractas.[47] La experiencia de la convivencia, el estar con el otro, estar en sociedad implica el lenguaje. La interacción del organismo con el medio, es decir, nuestra existencia biológica y sensible, la percepción, las actividades volitivas y cognitivas, todo nuestro hacer humano, nuestra cotidianeidad, es convivencia en el lenguaje y si no reconocemos y aceptamos así este hecho, no podemos apreciar correctamente el cometido de proyectar.[48] El lenguaje representa una forma de convivir[49] y en este sentido ha de constituir el punto de partida de lo que proyectamos y sobre lo que reflexionamos.[50] La acepción más fuerte de arquitectura, la señala Borden como lo que entra en la representación de la vida ciudadana; la arquitectura vista como discurso (palabras e imágenes) de lo que ocurre en la ciudad (en la polis).

Pero nuestra era orientada hacia el consumidor y el intercambio de información condiciona el vocabulario de la arquitectura y del espacio de la ciudad contemporánea. En un texto tan influyente como *Aprendiendo de Las Vegas*,[51] que incitaba a aprender de la arquitectura vital pero banal y comercial, de la ciudad del *strip* y del *sprawl*, faltaba totalmente la referencia al habitante de la ciudad que estaba tratado como mero espectador y consumidor. El espacio urbano quedaba reducido a un espacio exclusivamente para el tránsito y el consumo concebido en la escala del automóvil omnipotente. Ese hecho es sintomático de nuestro tiempo. Hay sensibilidades hoy que encuentran en la fenomenología de la *edge city* (ciudad de borde-periferia), en lo vulgar-utilitario y en la ambigüedad significativa de los ambientes degradados producidos por la civilización contemporánea, la poética del nuevo proyecto arquitectónico. Hay quienes encuentran en las patologías sociales e individuales, lo *lumpen* de los antiguos centros ruinosos, la arqueología industrial, el reduccionismo sintáctico de los nuevos espacios urbanos, el minimalismo, la realidad desarticulada y caótica, imágenes alternativas para un proyecto nuevo. Según la teoría de la emoción de Satre,[52] se debe eso a una degradación de la conciencia. La imposibilidad o incapacidad de hallar una solución a un problema sirve como móvil a la conciencia para concebir el mundo de otra manera, para transformarlo a veces en algo mágico.

Es sintomático que gran parte de los discursos arquitectónicos más recientes no son más que un intento por justificar lo posible o lo inevitable y conseguir que parezca atractivo. *La ciudad genérica*[53] y otras teorías de lo urbano sin embargo tienen todas como denominador común el análisis de lo preexistente para formular sobre ese análisis estrategias y propuestas arquitectónicas aunque no siempre llevan implícita una crítica y contenidos innovadores. Pues dicha crítica no puede ser otra que una crítica a la sociedad del consumo, el despilfarro y los modelos obsoletos de la era industrial, que es necesario incorporar como activo en el nuevo proyecto del ambiente artificial.

La reutilización del patrimonio edificado, el reciclaje y resignificación de los paisajes industriales, la reinterpretación de las estructuras preexistentes frente a un mecanismo reproductor de la realidad sobre su propio patrón, enriquecería el cometido proyectual y contribuiría a superar la creación del entorno artificial a base de unidades encapsuladas, infinita alineación de edificios sin contexto, paisajes urbanos sin entidad y relación con lo local, y el fenómeno de Disneylandia que ha generado la sociedad del consumo.

"Uno de los problemas más graves de la fabricación y consumo de un número ilimitado de cosas-símbolos en la sociedad de la información y el consumo es que la arquitectura para incrementar su producción necesita cada vez más terreno y este problema es de la misma escala, incluso mayor que la del automóvil cuya salida al mercado con el diseño modificado para aumentar los incentivos de compra, no hace más que agudizar los problemas de la contaminación ambiental, suministro energético, tremenda congestión de zonas urbanas, etc. Y mientras más edificios encapsulados se producen creando un entorno artificial homogéneo en su interior, más aumentarán los problemas en y con el mundo exterior".[54]

Los paradigmas de la ecología y la sostenibilidad sugieren la sustitución de este modelo, un cambio estratégico en la producción del medio. La creación de un sistema de artefactos de bajo impacto ambiental, producidos a través de procesos que privilegian la duración, la reciclabilidad, la intensidad relacional (forma, función, transformación en el tiempo) que generen escenarios ecológicos y revelen la identidad y la memoria de los lugares observados con sensibilidad y profundidad. Es necesario confrontar el concepto de paisaje con el macrosistema técnico en búsqueda de equilibrios ecotecnológicos.[55] Es necesario proyectar una nueva arquitectura y un espacio urbano que transformen la información de las redes electrónicas y conviertan la naturaleza en elemento estructurador de lo arquitectónico-urbano. Desde el antiguo paradigma que distingue arquitectura y ciudad de la naturaleza o el paradigma moderno de la 'ciudad en la naturaleza' o 'la arquitectura en la naturaleza' habría de avanzar hacia una nueva síntesis, la de naturalizar la arquitectura y la ciudad como paradigma: la arquitectura como dimensión del *topos* situada entre la naturaleza y la cultura, entre la materia y la forma, o entre lo prelingüístico y el *logos* dando forma y determinación al ambiente que aparece como forma espacial y temporal.

Pero el paradigma que persiste del habitar inmerso en las redes y la globalización con una pérdida de anclaje y de identificación con el espacio local-próximo a favor de un espacio global y virtual implica que el papel estructurante-"arqui-tectónico" del entorno cese frente a los grandes sistemas técnicos –infraestructuras de la movilidad y redes de telecomunicaciones– que desempeñan un nuevo papel estructurador. La informática nos proporciona modelos posibilísticos, combinatorios, aditivos, de infinitas superposiciones y simulaciones que se convierten en modelos arquitectónicos mientras que el paradigma estructurado parece no encontrar referente en la realidad. Eso hace que la configuración del ambiente artificial se base en la relación entre objetos mientras que se pierde la relación sujeto-objeto. El medio informático, el medio que a primera vista parece el instrumento de la desrealización del medio a través de la generación imágenes que suplantan la realidad se ha abierto hacia una nueva problemática: lo real ya no es sólo aquello arraigado en la dimensión antropológica, sino también y, sobre todo, aquello más bien ajeno e inquietante de los dispositivos tecnológicos y económicos. El lugar decisivo de este realismo extremo se convierte, así, en el encuentro entre el ser humano y la máquina, entre lo orgánico y lo inorgánico, entre lo natural y lo artificial, entre la pulsión y la electrónica, entre la persona y la mercancía. El núcleo duro de lo real con el que estamos obligados a enfrentarnos es el *cyborg*, la cobaya tecnológica, la moneda viva, el capital humano. La noción de virtual, que a primera vista nos parecía unida a la tendencia espectacular y desrealizante, asume, por tanto, un significado opuesto: el cuerpo virtual, poseído y diseminado en las redes, se convierte en otro objeto, extremadamente inquietante, irreducible a la dimensión imaginaria y simbólica.[56]

La propia naturaleza de la arquitectura queda alterada pues "la arquitectura elabora la figuración icónica y la significación poética o conceptual de la materia del hábitat y se produce en el desbrozamiento del espacio terrenal-físico. En razón de la intervención arquitectónica éste queda determinado y formado hasta devenir hábitat apropiado a un habitante cuya "voluntad" característica se manifiesta a través del configurar icónico y del significar lingüístico. Ese arcaísmo explica las inmensas inercias que todavía arrastra, y la voluntad de restablecer las posibilidades del habitar que no tan fácilmente pueden ser revocadas. "Habitar implica hábito, costumbre, lo inercial por excelencia. Y es más fácil romper hábitos lingüísticos o figurativos icónicos que hábitos ambientales como los que promueve la arquitectura. La arquitectura da forma a algo que debe ser habitado y habitual; genera hábito; ese es el destino y su vocación. De ahí que se halle en situación de emergencia toda vez que quiere revocarse esa vocación de ser arquitectura de siempre.[57]

La crisis que desde la modernidad se arrastra y se agudizada en nuestro tiempo con la irrupción del nuevo instrumental de abstracción –de una arquitectura ajena al lugar–, reclama la necesidad de investigar sobre procedimientos que propicien la innovación como consecuencia de las actuales y futuras demandas espaciales y ambientales optimizando las nuevas tecnologías en el diseño de espacios más humanos y mejor habitables, reconvirtiendo los factores que operan hoy negativamente sobre la calidad ambiental en precursores de un nuevo espacio para la realización individual y la integración social. Siempre conjugando la participación del habitante en la creación de su hábitat porque de esta relación afectuosa, deriva el cuidado y la conservación de su entorno y como consecuencia la calidad ambiental.

La idea de "paisaje" está íntimamente ligada al concepto de lugar. El paisaje implica la acción humana con un resultado estético, a veces no pretendido e incluso si este resultado estético es obra exclusivamente de la naturaleza, sólo existe una vez descubierto, mirado por el hombre, dependiendo siempre de una acción humana que lo dota de sentido. Entendido el lugar como paisaje, permite avanzar hacia una interpretación que lo concibe como arquitectura ya que desde un punto de vista metodológico la construcción de arquitectura y paisaje quedan completamente fundidos e indisociables.

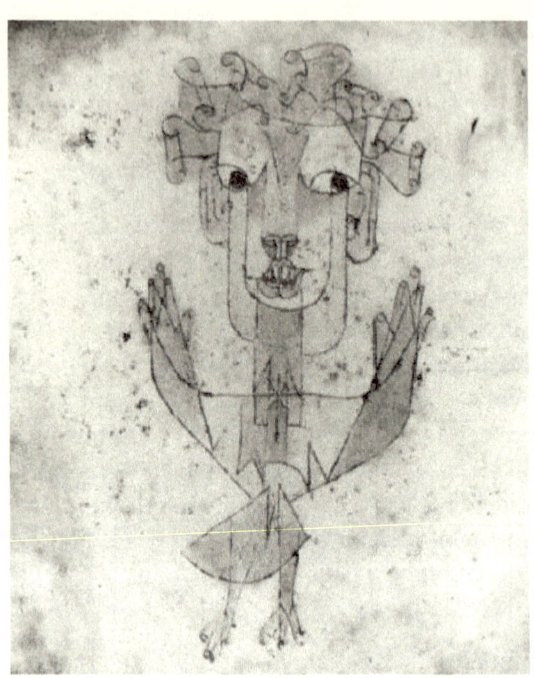

Paul Klee, 'Angelus Novus', 1920.

"Hay un cuadro de Klee que se llama Angelus Novus. En él se representa a un ángel que parece como si estuviera a punto de alejarse de algo que le tiene pasmado. Sus ojos están desmesuradamente abiertos, la boca abierta y extendidas las alas. Y este deberá ser el aspecto del ángel de la historia. Ha vuelto el rostro hacia el pasado. Donde a nosotros se nos manifiesta una cadena de datos, él ve una catástrofe única que amontona incansablemente ruina sobre ruina, arrojándolas a sus pies. Bien quisiera él detenerse, despertar a los muertos y recomponer lo despedazado. Pero desde el paraíso sopla un huracán que se ha enredado en sus alas y que es tan fuerte que el ángel ya no puede cerrarlas. Este huracán le empuja irreteniblemente hacia el futuro, al cual da la espalda, mientras que los montones de ruinas crecen ante él hasta el cielo. Ese huracán es lo que nosotros llamamos progreso".

Walter Benjamin, "El ángel de la historia"

NOTAS

[1] Nos referimos especialmente al escrito de Martin Heidegger "Construir, habitar, pensar".

[2] Montaner, Josep M., *La modernidad superada*, G. Gili, Barcelona, 2011, pp. 37-38.

[3] La *Física* de Aristóteles se puede consultar en las *Obras Completas*, Ed. Aguilar, Madrid, 1971.

[4] Morales, José Ricardo, *Arquitectónica. Sobre la idea y el sentido de la arquitectura*, Universidad del Biobio, Chile, 1984.

[5] Peláez, J. M., *Eric Gunnar Asplund*, Ed. Stylos, Barcelona, 1990, p. 169.

[6] Augé, Marc, *Los no-lugares. Espacios del anonimato. Una antropología de la sobre-modernidad*, Editorial Gedisa, Barcelona, 1994.

[7] Virilio, Paul, *La estética de la desaparición*, Anagrama, Barcelona, 1988.

[8] Foucault, Michel, "Espacios otros", Astrágalo 7, septiembre, 1997.

[9] Citado en Javier Seguí, *Dibujar, Proyectar XXX. En movimiento y en reposo*. Instituto Juan de Herrera, Madrid, 2010. Véase también citados: Jean Duvignaud, *Lieux et non-Lieux* (1977) y Michel de Certeau, *L'invention du quotidien* (1992).

[10] Delgado, Manuel, *Sociedades movedizas. Pasos hacia una antropología de las calles*. Anagrama, Barcelona, 2007.

[11] De Azua, Felix, "La necesidad y el deseo", *Sileno* n° 14.

[12] "Historia de Caín" señalada por F. Duque en "Bit city, old city, sin city", *Sileno* n° 14.

[13] Koolhaas, Rem, *La ciudad genérica*, G. Gili, Barcelona, 2008.

[14] Delgado, M. "La no ciudad como ciudad absoluta", *Sileno* n° 14-15, dic. 2003.

[15] Auge, M., *op. cit.*

[16] Arendt, H., *La vida del espíritu*, Paidós, Barcelona, 2002, pp. 217 y ss.

[17] De Certeau, Michel, *L'invention du quotidien* (1992), versión en castellano, Univ. Iberoamericana, México,1999.

[18] Rousseau, *Enunciaciones de un caminante solitario.*

[19] "New Babylon", en *Architectural Design*, junio, 1964.

[20] Alexander, Christopher ,"The City as a Mechanism for sustaining the Human Contact", en *Environment for Man*, ed. W. Ewald, 1967, citado en Norberg-Schultz, *Existencia, espacio y arquitectura*, Editorial Blume, Barcelona, 1° Ed. 1975, p. 44.

[21] Lynch, Kevin, *La imagen de la ciudad* (Cambridge, Massachusetts, 1960), Gustavo Gili, Barcelona, 3ª edición, 1998.

[22] Webber, Melvin, "Urban place and Nonplace Urban Realm", en *Explorations into urban Structure*, 1964, citado en Norberg-Schultz, op. cit., p. 44.

[23] Montaner, J. M., *op. cit.*

[24] Maturana Romesin, Humberto y Pörksen, Bernhard, *Del ser al hacer. Los orígenes de la biología del conocer*, Santiago de Chile: Comunicaciones Noreste, 2004, pp. 142-145.

[25] *Autopoiesis* expresa la idea de los sistemas circulares, es decir, aquellos que con su propio operar se crean como unidad y se producen a sí mismos en este proceso, porque el resultado de la operación sistémica autopoiética es justamente el sistema mismo, *op. cit.*

[26] Auge, Marc, *op. cit.*

[27] Heidegger, M., "Construir, habitar, pensar" (1951) en *Conferencias y artículos*, Ediciones del Serbal, 1ª Ed. Barcelona, 1994, pp. 131-156.

[28] Norberg-Schulz, Chr., *Intenciones en arquitectura*, "El cometido del edificio", G. Gili, Barcelona, 1979, pp. 71-72.

[29] Piaget, Jean (*Psicología de la inteligencia*), citado por Norberg-Schulz, *Intenciones en arquitectura*. El psicólogo suizo –también licenciado y doctor en biología (1918)– a partir de 1919 desarrolló su teoría sobre la naturaleza del conocimiento –trabajando en instituciones psicológicas de Zurich y París–. Publicó varios estudios sobre psicología infantil y elaboró una teoría de la inteligencia sensomotriz que se basa en el desarrollo espontáneo de una inteligencia práctica –a partir de la acción– que se forma de los conceptos incipientes que tiene el niño de los objetos permanentes del espacio, del tiempo y de la causa.

[30] Sedlmayr, Hans, "Urspring und Anfäge der Kunst", en *Epochen & Werke I*, 1959, p. 9, citado en Norberg-Schultz, op. cit., p. 43.

[31] Norberg-Schulz, Chr., *op. cit.*, pp. 71-72.

[32] Norberg-Schulz, Chr., *Existencia espacio y arquitectura*. "El sistema de espacios", p. 9.

[33] Citado por Norberg-Schulz, *op. cit.*, p. 9.

[34] Christian Norberg-Schulz ha desarrollado específicamente esta idea en su libro *Genius loci. Paesaggio, ambiente, architettura*, Electa Ed., Milán, 1979 y en su artículo "Il concetto de luogo", en *Controspazio*, junio de 1969.

[35] Lynch, Kevin, *La imagen de la ciudad*, citado en Norberg-Schulz, *Existencia espacio y arquitectura*, p. 49.

[36] Norberg-Schulz, Chr., *Existencia espacio y arquitectura*, p. 21-24.

[37] Norberg-Schulz, Chr., *Intenciones en arquitectura I. El cometido del edificio*, p. 58.

[38] Norberg-Schulz, Chr., *Existencia espacio y arquitectura*, p. 25-26.

[39] Véase H. Allen Brooks, "Wright y la destrucción de la caja", en José Angel Sanz Esquide (ed.), *Frank Lloyd Wright*, Editorial Stylos, Barcelona, 1990.

[40] La idea de "genius loci" se basa en la antigua creencia romana de que todo ser independiente tiene su "genius" o espíritu guardián. Los dioses familiares que habitaban la casa romana eran los *lares* —espíritus guardianes de la casa–, los *genius* –divinidades tutelares del cabeza de familia– y los *penates* –divinidades protectoras de la comida–.

[41] Un texto específico sobre el concepto de lugar es el de Juan Luis de las Rivas, *El espacio como lugar. Sobre la naturaleza de la forma urbana*, Universidad de Valladolid, Valladolid, 1992. En él se insiste especialmente en la gran escala y se confunden, a menudo, estas diversas escalas de interpretación del concepto de lugar.

[42] Ligtelijn, Vincent (ed.), *Aldo van Eyck's works*, Birkhäuser, Basilea, 1999.

[43] Rossi, Aldo, *La arquitectura de la ciudad*, G. Gili, Barcelona, 1971.

[44] El Situacionismo era el pensamiento y la práctica en la política y las artes inspirada por la Internacional Situacionista (IS), (1957-1972), movimiento de intelectuales revolucionarios, entre cuyos principales objetivos estaba el de acabar con la sociedad de clases en tanto que sistema opresivo y el de combatir el sistema ideológico contemporáneo de la civilización occidental: "la dominación capitalista" y la reproducción mecánicista y mercantilista del espacio de la ciudad; se considera uno de los principales impulsores ideológicos de los acontecimientos sociales acaecidos en Francia en mayo de 1968. El más conocido del grupo fue Guy Debord que tras la II Guerra Mundial, se unió al grupo Socialismo o Barbarie, dirigido por Cornelius Castoriadis, una escisión de la Cuarta Internacional; fue autor del *'Manifiesto situacionista'* (1957). Destacados miembros fueron también el pintor holandés Constant Nieuwenhuys, el escritor escocés-italiano Alexander Trocchi, el artista inglés Ralph Rumney, el escandinavo Asger Jorn (que fundó el Instituto Escandinavo de Vandalismo Comparado), el arquitecto húngaro Attila Kotanyi, la escritora francesa Michèle Bernstein, el belga Raoul Vaneigem.

[45] El grupo CoBrA se formó en 1948 en París por el danés Asger Jorn, los belgas Alechinsky y Corneille, y los holandeses Constant y Karel Appel. Pretendía la plasmación directa de lo imaginado espontáneamente a partir del subconsciente, sin la racionalización reflexiva del intelecto. Se diferenciaban de los expresionistas abstractos en el hecho de no rechazar la representación objetiva. Su estilo espontáneo puede ser definido como una mezcla de informalismo, de arte primitivo y de 'art brut'.

[46] Ito, Toyo, *Arquitectura de límites difusos*, G. Gili, Barcelona, 2006, pp. 11-14.

[47] Manzini, Ezio. *Artefactos. Hacia una ecología del ambiente artificial.* Celeste Ed. y Experimenta, Madrid, 1991.

[48] Maturana, Huberto, *op. cit.*, pp. 27-29.

[49] *Op. cit.*, p. 42.

[50] Norberg-Schultz, Chr., *Existencia, espacio y arquitectura*, p. 9 y ss.

[51] Venturi, Robert, Izenour, Steven, Scott Brown, Denise, *Aprendiendo de las Vegas*, Gustavo Gili, Barcelona,1982.

[52] Sartre, Jean Paul, *Bosquejo de una teoría de la emociones.* Alianza, Madrid, 1982.

[53] Koolhaas, Rem, *La ciudad genérica*, G. Gili, Barcelona, 2006.

[54] Ito, Toyo, *op. cit.*, pp. 16-17.

[55] Manzini, E., *op. cit.*

[56] Perniola, Mario, *El arte y su sombra*, Cátedra, Colección Teorema, Madrid, 2002.

[57] Trías, E., *op. cit.*, pp. 43-45.